Kunststücke des Historischen Museums Frankfurt, Band 8
Herausgegeben von Jan Gerchow

Henrich Editionen

—— Inflation 1923

Krieg, Geld, Trauma

Für das Historische Museum Frankfurt herausgegeben von
Nathalie Angersbach und Frank Berger

6 — Grußworte Burkhard Balz, Deutsche Bundesbank
Gerhard Wiesheu, Bankhaus Metzler
8 — Vorwort Jan Gerchow, Direktor Historisches Museum Frankfurt
10 — Inflation 1923 Nathalie Angersbach, Frank Berger, Kuratierende

14 — Inflation?
    16 — Bildstrecke
    18 — „Inflation" – Film von Hans Richter

26 — Kurze Geschichte der Inflation
    28 — Frankfurt in der Kipper- und Wipperzeit Konrad Schneider
    34 — Bildstrecke
    40 — Kuan in China (1375–1488)
    42 — Die Truhen der Kipper
    44 — Ein Werk, das ganz Europa in Staunen versetzte: John Law und die Mississippi-Blase
    46 — Goethe und das Zettelwesen

50 — Erster Weltkrieg
    52 — Notgeld in Frankfurt am Main Eckehard Gottwald
    58 — Bildstrecke
    64 — Der Goldstandard
    66 — „Helft den Hütern Eures Glückes" – Kriegsfinanzierung durch Kriegsanleihen
    68 — „Gold gab ich zur Wehr – Eisen nahm ich zur Ehr"

Abb. 1 —— Deutsches Reich, Münze zu 500 Mark 1923, Aluminium, Entwurf Josef Wackerle, München. HMF.M2020.149.

72 — Wellen der Inflation 1919–1922

- 74 — Bildstrecke
- 80 — Reparationen – Der Preis der Niederlage
- 82 — Frankfurts Hungerjahre – Lebensmittelmarken im Ersten Weltkrieg
- 84 — Franzosen am Main
- 86 — „Opfer der Republik" – Die Ermordung Walther Rathenaus

90 — 1923

- 92 — Bildstrecke
- 100 — „Hände weg vom Ruhrgebiet!"
- 102 — Papiergeld des Deutschen Reiches
- 104 — Frankfurter Gold
- 106 — „Inflationskleid"
- 108 — Der König der Inflation: Hugo Stinnes

112 — „Wunder" der Rentenmark

- 114 — Bildstrecke
- 122 — Gustav Stresemann (1878–1929)
- 124 — „Die Gefahren der Münchener Bräukeller"
- 126 — „Zu spät" – Satire über die Einführung der Rentenmark
- 128 — Die Aufwertung 1925

132 — Mark im Wandel

- 134 — „Eine Stadt im Währungsfieber" – Frankfurt und die Einführung der D-Mark am 20. Juni 1948
  Nathalie Angersbach
- 140 — Bildstrecke
- 146 — Inflation – Instrument des nationalsozialistischen Wahlkampfs
- 148 — Zigarettenwährung
- 150 — Inflation heute: „Scholz führt Reichsmark ein"

- 152 — Literaturverzeichnis
- 154 — Exponatverzeichnis
- 164 — Abbildungsnachweis
- 164 — Beitragende
- 165 — Wissenschaftlicher Beirat
- 165 — Dank und Förderung
- 166 — Impressum

Umrechnungstafel
des Verbandes Hallescher Textilgeschäfte und verwandter Zweige e.V.

Grundzahl	Verkaufspreis ℳ	Grundzahl	Verkaufspreis ℳ	Grundzahl	Verkaufspreis ℳ	Grundzahl	Verkaufspreis ℳ	Grundzahl	Verkaufspreis ℳ
0,10	3.100	35.—	1.085.000	135	4.185.000	**500**	**15.500.000**	3650	113.150.000
0,20	6.200	36.—	1.116.000	140	4.340.000	525	16.275.000	3700	114.700.000
0,30	9.300	37.—	1.147.000	145	4.495.000	550	17.050.000	3750	116.250.000
0,40	12.400	38.—	1.178.000	150	4.650.000	575	17.825.000	3800	117.800.000
0,50	15.500	39	1.209.000	155	4.805.000	600	18.600.000	3850	119.350.000
0,60	18.600	**40**	**1.240.000**	160	4.960.000	625	19.375.000	3900	120.900.000
0,70	21.700	41	1.271.000	165	5.115.000	650	20.150.000	3950	122.450.000
0,80	24.800	42	1.302.000	170	5.270.000	675	20.925.000	**4000**	**124.000.000**
0,90	27.900	43	1.333.000	175	5.425.000	700	21.700.000	4050	125.550.000
		44	1.364.000	180	5.580.000	725	22.475.000	4100	127.100.000
1.—	**31.000**	45	1.395.000	185	5.735.000	750	23.250.000	4150	128.650.000
1,50	47.000	46	1.426.000	190	5.890.000	775	24.025.000	4200	130.200.000
2.—	62.000	47	1.457.000	195	6.045.000	800	24.800.000	4250	131.750.000
2,50	78.000	48	1.488.000	**200**	**6.200.000**	825	25.575.000	4300	133.300.000
3.—	93.000	49	1.519.000	205	6.355.000	850	26.350.000	4350	134.850.000
3,50	109.000	**50**	**1.550.000**	210	6.510.000	875	27.125.000	4400	136.400.000
4.—	124.000	51	1.581.000	215	6.665.000	900	27.900.000	4450	137.950.000
4,50	140.000	52	1.612.000	220	6.820.000	925	28.675.000	4500	139.500.000
5.—	155.000	53	1.643.000	225	6.975.000	950	29.450.000	4550	141.050.000
5,50	171.000	54	1.674.000	230	7.130.000	975	30.225.000	4600	142.600.000
6.—	186.000	55	1.705.000	235	7.285.000	**1000**	**31.000.000**	4650	144.150.000
6,50	202.000	56	1.736.000	240	7.440.000	1050	32.550.000	4700	145.700.000
7.—	217.000	57	1.767.000	245	7.595.000	1100	34.100.000	4750	147.250.000
7,50	233.000	58	1.798.000	250	7.750.000	1150	35.650.000	4800	148.800.000
8.—	248.000	59	1.829.000	255	7.905.000	1200	37.200.000	4850	150.350.000
8,50	264.000	**60**	**1.860.000**	260	8.060.000	1250	38.750.000	4900	151.900.000
9.—	279.000	61	1.891.000	265	8.215.000	1300	40.300.000	4950	153.450.000
9,50	295.000	62	1.922.000	270	8.370.000	1350	41.850.000	**5000**	**155.000.000**
10.—	**310.000**	63	1.953.000	275	8.525.000	1400	43.400.000	5100	158.100.000
10,50	325.500	64	1.984.000	280	8.680.000	1450	44.950.000	5200	161.200.000
11.—	341.000	65	2.015.000	285	8.835.000	1500	46.500.000	5300	164.300.000
11,50	356.500	66	2.046.000	290	8.990.000	1550	48.050.000	5400	167.400.000
12.—	372.000	67	2.077.000	295	9.145.000	1600	49.600.000	5500	170.500.000
12,50	387.500	68	2.108.000	**300**	**9.300.000**	1650	51.150.000	5600	173.600.000
13.—	403.000	69	2.139.000	305	9.455.000	1700	52.700.000	5700	176.700.000
13,50	418.500	**70**	**2.170.000**	310	9.610.000	1750	54.250.000	5800	179.800.000
14.—	434.000	71	2.201.000	315	9.765.000	1800	55.800.000	5900	182.900.000
14,50	449.500	72	2.232.000	320	9.920.000	1850	57.350.000	**6000**	**186.000.000**
15.—	465.000	73	2.263.000	325	10.075.000	1900	58.900.000	6100	189.100.000
15,50	480.500	74	2.294.000	330	10.230.000	1950	60.450.000	6200	192.200.000
16.—	496.000	75	2.325.000	335	10.385.000	**2000**	**62.000.000**	6300	195.300.000
16,50	511.500	76	2.356.000	340	10.540.000	2050	63.550.000	6400	198.400.000
17.—	527.000	77	2.387.000	345	10.695.000	2100	65.100.000	6500	201.500.000
17,50	542.500	78	2.418.000	350	10.850.000	2150	66.650.000	6600	204.600.000
18.—	558.000	79	2.449.000	355	11.005.000	2200	68.200.000	6700	207.700.000
18,50	573.500	**80**	**2.480.000**	360	11.160.000	2250	69.750.000	6800	210.800.000
19.—	589.000	81	2.511.000	365	11.315.000	2300	71.300.000	6900	213.900.000
19,50	604.500	82	2.542.000	370	11.470.000	2350	72.850.000	**7000**	**217.000.000**
20.—	**620.000**	83	2.573.000	375	11.625.000	2400	74.400.000	7100	220.100.000
20,50	635.500	84	2.604.000	380	11.780.000	2450	75.950.000	7200	223.200.000
21.—	651.000	85	2.635.000	385	11.935.000	2500	77.500.000	7300	226.300.000
21,50	666.500	86	2.666.000	390	12.090.000	2550	79.050.000	7400	229.400.000
22.—	682.000	87	2.697.000	395	12.245.000	2600	80.600.000	7500	232.500.000
22,50	697.500	88	2.728.000	**400**	**12.400.000**	2650	82.150.000	7600	235.600.000
23.—	713.000	89	2.759.000	405	12.555.000	2700	83.700.000	7700	238.700.000
23,50	728.500	**90**	**2.790.000**	410	12.710.000	2750	85.250.000	7800	241.800.000
24.—	744.000	91	2.821.000	415	12.865.000	2800	86.800.000	7900	244.900.000
24,50	759.500	92	2.852.000	420	13.020.000	2850	88.350.000	**8000**	**248.000.000**
25.—	775.000	93	2.883.000	425	13.175.000	2900	89.900.000	8100	251.100.000
25,50	790.500	94	2.914.000	430	13.330.000	2950	91.450.000	8200	254.200.000
26.—	806.000	95	2.945.000	435	13.485.000	**3000**	**93.000.000**	8300	257.300.000
26,50	821.500	96	2.976.000	440	13.640.000	3050	94.550.000	8400	260.400.000
27.—	837.000	97	3.007.000	445	13.795.000	3100	96.100.000	8500	263.500.000
27,50	852.500	98	3.038.000	450	13.950.000	3150	97.650.000	8600	266.600.000
28.—	868.000	99	3.069.000	455	14.105.000	3200	99.200.000	8700	269.700.000
28,50	883.500	**100**	**3.100.000**	460	14.260.000	3250	100.750.000	8800	272.800.000
29.—	899.000	105	3.255.000	465	14.415.000	3300	102.300.000	8900	275.900.000
29,50	914.500	110	3.410.000	470	14.570.000	3350	103.850.000	**9000**	**279.000.000**
30.—	**930.000**	115	3.565.000	475	14.725.000	3400	105.400.000	9100	282.100.000
31.—	961.000	120	3.720.000	480	14.880.000	3450	106.950.000	9200	285.200.000
32.—	992.000	125	3.875.000	485	15.035.000	3500	108.500.000	9300	288.300.000
33.—	1.023.000	130	4.030.000	490	15.190.000	3550	110.050.000	9400	291.400.000
34.—	1.055.000			495	15.345.000	3600	111.600.000	9500	294.500.000
								9600	297.600.000
								9700	300.700.000
								9800	303.800.000
								9900	306.900.000

Liste Nr. 15 31000 10. 8. 23

Abb. 2 —— Umrechnungstafel vom 10. August 1923. Der Grundzahl des Preises entspricht jeweils ein tagesaktueller Preisbetrag in Mark, Halle 1923, HMF.

—— Grußwort

Burkhard Balz
Mitglied des Vorstands der Deutschen Bundesbank

Was ist das Geld wert? Diese Frage zieht sich wie ein roter Faden durch die Ausstellung „Inflation 1923. Krieg, Geld, Trauma", die das Geldmuseum der Deutschen Bundesbank maßgeblich mitgestaltet hat.

Den Wert des Geldes bestimmen nicht die Zahlen auf den Münzen und Geldscheinen. Entscheidend ist allein die Kaufkraft, also wie viel Waren und Dienstleistungen sich die Menschen für einen Geldbetrag kaufen können.

Mehr als der Titel vermuten lässt, spannt die Ausstellung einen breiten historischen Bogen, von der Zeit der „Kipper und Wipper" bis heute. Dabei zeigt sie, zu welchen Zeitpunkten und wie die Kaufkraft des Geldes verloren ging. Der Schwerpunkt der Ausstellung liegt auf der Inflation in Deutschland im Jahr 1923, als das Geld innerhalb weniger Monate wertlos wurde. Eindrücklich werden die katastrophalen Folgen der Inflation wie soziale Verwerfungen beschrieben, es werden einzelne persönliche Schicksale aufgegriffen und die damalige Situation von Wirtschaft und Gesellschaft in Frankfurt skizziert.

Doch wie lässt sich der Wert des Geldes sichern? Die Ausstellung stellt unterschiedliche Konzepte vor, vom Goldstandard über die Einführung neuer Währungen, das Bretton-Woods-System bis hin zum modernen Konzept unabhängiger Zentralbanken.

Europa hat aus den Geld- und Währungskrisen des 20. Jahrhunderts seine Lehren gezogen und mit dem Euro eine der stabilsten Währung der Welt geschaffen. Das Europäische System der Zentralbanken ist allein der Geldwertstabilität verpflichtet. Eine Finanzierung der Mitgliedstaaten ist den Zentralbanken verboten. Alle Regierungen in den Euro-Ländern sind verpflichtet, übermäßige Defizite zu vermeiden und ihre Staatshaushalte zu konsolidieren.

Doch der Wert des Geldes muss immer neu gesichert werden, da sich gesellschaftliche, politische und wirtschaftliche Verhältnisse ständig ändern. Die dramatischen Entwicklungen der vergangenen Jahre wie die Corona-Pandemie, der russische Angriffskrieg auf die Ukraine und die Energiekrise haben dies unterstrichen. Die Ausstellung zeigt, dass der Wert des Geldes gemeinsam gesichert werden muss: Zentralbanken, Regierungen, die Wirtschaft und die Gesellschaft müssen stabilitätsorientiert handeln. Nötig ist eine gesellschaftlich breit verankerte Stabilitätskultur. Hierzu leistet die Ausstellung einen wichtigen Beitrag.

Wer neben der Ausstellung im Historischen Museum Frankfurt mehr über Geld, Zentralbanken und die Europäische Währungsunion lernen will, ist herzlich eingeladen, das Geldmuseum der Deutschen Bundesbank in Frankfurt am Main zu besuchen.

—— Grußwort

Gerhard Wiesheu
Vorstand Bankhaus Metzler

Die erste Hälfte des 20. Jahrhunderts war geprägt von Krisen – neben zwei Weltkriegen war es auch das Inflationsjahr 1923, das die Menschen traumatisierte und noch über Generationen nachwirkte. Hundert Jahre sind seitdem vergangen und das Thema ist wieder aktuell: Die Inflation gehört zu den größten Ängsten der deutschen Bevölkerung und hat zudem eine große gesellschaftspolitische Relevanz, denn es löst in der Regel weitere wirtschaftliche und politische Probleme und Unsicherheit aus. Fast jeder fürchtet sich vor steigenden Preisen, und bei einer Inflationsrate von rund zehn Prozent zum Jahresende 2022 ist diese Sorge durchaus begründet. Dabei war und ist Geld niemals eine konstante Größe. Schon morgen oder auch in den nächsten Monaten kann unser Geld weniger wert sein – oder auch mehr. Und niemand kann das genau vorhersehen.

In seiner fast 350-jährigen Geschichte hat das Bankhaus Metzler zahlreiche Kriege und Krisen erlebt, in deren Folge Geld massiv entwertet und Kapital vernichtet wurde. Neben politischen Risiken und Deflation zählen wir Inflation zu den drei elementaren Bedrohungen für ein Vermögen. Um Vermögen vor diesen Risiken zu schützen, heißt die wichtigste Grundregel Diversifikation. Dazu gehören unserer Ansicht nach Investitionen in unterschiedliche Wirtschaftsräume und die Aufteilung des Vermögens auf Substanz- und Nominalwerte.

Die Hyperinflation im Jahr 1923 stellte die Bevölkerung vor enorme Herausforderungen und auch im Bankhaus Metzler waren die Auswirkungen deutlich zu spüren: In den Jahren der Hochinflation war Metzler zwar überwiegend im Aktienhandel aktiv, auf den die Inflation einen weniger starken Einfluss hatte. Nichtsdestotrotz wurden die Betriebsabläufe erheblich beeinträchtigt. So erforderte die ständige Aktualisierung der Geschäftsbücher mit unendlichen Zahlenkolonnen einen großen Personalaufwand.

Die Einführung der Rentenmark im November 1923 stabilisierte die Wirtschaft, und das Vertrauen in die neue Währung wuchs. Auch im Bankhaus Metzler kehrte so etwas wie Normalität ein: Viele Kunden erholten sich von der Inflation und auch Geschäfte zwischen Bankhäusern liefen wieder an – zumindest bis zur Weltwirtschaftskrise ab 1929. Wie die Historikerin Andrea Schneider-Braunberger in ihrer 2022 erschienenen Studie zum Bankhaus Metzler im Nationalsozialismus feststellte, brachte die Inflationszeit eine wichtige Erkenntnis: *„Der schnelle Gewinn war höchst riskant, nachhaltiges und wertbeständiges Handeln war dagegen die richtige Maßgabe."* Eine Leitlinie, die auch hundert Jahre später im Bankhaus Metzler noch von Bedeutung ist.

Ein Blick in die Vergangenheit legt Wegmarken, Weichenstellungen und Zusammenhänge offen. Mit der Ausstellung „Inflation 1923. Krieg, Geld, Trauma" zeigt das Historische Museum Frankfurt, wie diese Krise und ihre Folgen bewältigt wurden und was sich daraus für das Hier und Jetzt ableiten lässt. Denn Geschichte ist weit mehr als Geschichtenerzählen.

—— Inflation im Museum

Jan Gerchow
Direktor Historisches Museum Frankfurt

Seit dem Frühjahr 2022 ist Inflation wieder ein großes Thema, fast täglich wird in allen Medien darüber berichtet. Als sich das Historische Museum Frankfurt (HMF) in 2019 für das Ausstellungsthema „Inflation 1923" entschieden hat, war das noch nicht der Fall. Es wurde vielmehr schon seit Jahren vor zu geringer Inflation gewarnt. Die drohende Stagnation infolge einer Deflation schien lange das größere Problem als die Geldentwertung infolge von Inflation zu sein. Heute stehen Krieg, Pandemie und globale Lieferketten im Fokus der Diskussion über die Gründe der scheinbar so überraschend entstandenen Inflation. Aber nur noch wenige Menschen verbinden die heutige Inflation mit der großen „Deutschen Inflation" vor 100 Jahren.

1923 war das bedrohlichste Krisenjahr für die noch junge „Weimarer Republik". Am 18. Mai 1923 hatte Reichspräsident Friedrich Ebert mit zahlreichen Gästen aus dem In- und Ausland das 75-jährige Jubiläum der deutschen Nationalversammlung in der Frankfurter Paulskirche gefeiert: Es war das erste offizielle Gedenken auf Reichsebene an diesen Gründungsakt der deutschen Demokratiegeschichte. Dieser Beginn einer demokratischen Erinnerungskultur spielte sich vor dem Hintergrund der Hyperinflation ab. Die Mark wurde durch eine seit dem Beginn des Weltkriegs im August 1914 entstandene und mit der Ermordung von Außenminister Rathenau am 24. Juni 1922 entfesselte Inflation komplett entwertet. Erst die Einführung der Rentenmark am 1. November 1923 stoppte die Hyperinflation der Mark abrupt, aber nur wenige Tage später versuchten die rechtsradikalen Republikfeinde Ludendorff und Hitler mit dem Putsch in München und einem „Marsch auf Berlin" ein faschistisches Regime in Deutschland zu errichten.

Krieg als Auslöser von Geldentwertung und politischer Destabilisierung: Dieser Zusammenhang rückt heute durch den russischen Angriffskrieg gegen die Ukraine wieder ins Bewusstsein. 1923 waren es der 1914 begonnene Weltkrieg, seine Finanzierung und die Niederlage gewesen. Wie die meisten Kriegsteilnehmer finanzierte Deutschland den Krieg vor allem durch Schulden und kaum durch Steuern. Die Staatsschuld und die Geldmenge vervielfachten sich, aber wegen der Kriegswirtschaft wurden die Folgen für Preise und Geldvermögen erst nach dem Krieg richtig spürbar. Die deutsche Reichsführung setzte darauf, dass der schnelle Sieg über die Gegner die Finanzierung der Kriegskosten mehr als ausgleichen würde: So wie man das unterlegene Frankreich 1871 zu gewaltigen Reparationen zwang, sollte es auch diesmal gelingen. Am Ende dauerte dieser Krieg aber achtmal so lange, zerstörte ganze Länder und führte alle Teilnehmer in die Inflation – besonders das hochentwickelte Industrieland Deutschland, das nun seinerseits mit hohen Reparationsforderungen konfrontiert war. Die Inflation vernichtete zwar vollständig die deutschen Staatsschulden gegenüber der Bevölkerung (den Zeichnern der Kriegsanleihen), dadurch wurde aber die Mehrheit der Deutschen enteignet. Zusammen mit dem Scheitern der Weimarer Republik infolge der zweiten großen Wirtschaftskrise, der Großen Depression seit 1929, wirkte das traumatisch im kollektiven Gedächtnis der Deutschen.

Trauma, Krieg und Geld: das sind auch ungewöhnliche „Spezialgebiete" des Historischen Museums. Traumata sind Erinnerungen, die man nicht vergessen kann. Erinnerungen – sowohl individuelle als auch die öffentliche Erinnerungskultur – sind ein Leitthema des Geschichtsmuseums HMF (zuletzt in der Ausstellung „Vergessen – warum wir nicht alles erinnern", 2019). Mit Kriegen und ihren Folgen hat sich das Museum schon mehrfach beschäftigt (z. B. „Ein Krieg wird ausgestellt", 1976, und „Gefangene Bilder" 2014 – 15). Und das Geld steckt geradezu in seiner „DNA": Die Münzsammlung zählt zu den ältesten Museumssammlungen Deutschlands, heute enthält die geldgeschichtliche Sammlung über 200.000 Objekte.

Ich danke Dr. Frank Berger für die Ausstellungsidee und das erste Konzept: Er ist seit 1998 Kustos der numismatischen Sammlung des HMF, und dies ist seine „Schlussvorstellung" – nach einer langen Reihe von Ausstellungen von „Geld ohne Grenzen. Der Weg zum EURO" (1998 – 99) über „Glaube. Macht. Kunst. Antwerpen-Frankfurt um 1600" (2005 – 06) und „Frankfurt und der Nordpol" (2007 – 08) bis zur Neueinrichtung des Bereichs „Geldstadt Frankfurt" im neuen HMF 2017. Ich danke ihm sehr herzlich für seine erfolgreiche Museumsarbeit. Großer Dank gebührt auch Nathalie Angersbach, die das Projekt als Co-Kuratorin mit ihm zusammen entwickelt hat. Der Dank gilt natürlich auch dem ganzen Museumsteam und den vielen freiberuflichen Planern und beteiligten Firmen.

Ohne gutes Geld wäre (auch) diese Ausstellung nicht möglich gewesen. Sie wurde durch die Deutsche Bundesbank und das Bankhaus Metzler ermöglicht, zusätzliche Förderung erhielten wir von der Stiftung der Frankfurter Sparkasse. Unser großer Dank geht an den Vorstand der Deutschen Bundesbank, namentlich Herrn Burkhard Balz, sowie den Leiter des Zentralbereichs Ökonomische Bildung, Herrn Tobias Pohl, und Herrn Dr. Ulrich Rosseaux als Leiter des Geldmuseums der Bundesbank. Im Bankhaus Metzler danken wir dem Geschäftsführenden Partner, Herrn Emmerich Müller, seinem Nachfolger als Vorstandsvorsitzender, Herrn Gerhard Wiesheu, und dem Vorstandsmitglied Herrn Mario Mattera. Für die Stiftung der Frankfurter Sparkasse danken wir dem Direktor der Sparkasse Herrn Dr. Ingo Wiedemeier sowie der Geschäftsführerin Frau Brigitte Orband. Mario Mattera, Tobias Pohl und Ulrich Rosseaux waren zugleich aktive Mitglieder des wissenschaftlichen Beirats der Ausstellung: Mit ihnen danken wir stellvertretend allen Mitgliedern für die wohlwollend kritische Begleitung und Kooperation.

Inflation 1923
Krieg, Geld, Trauma

Nathalie Angersbach, Frank Berger
Kuratierende

„Die Mark sinkt immer weiter. Es ist unheimlich. Heute steht der Dollar über 1.000 Mark! Der Schweizerfranken auf 200! Das Volk tut einem in der Seele leid. Man sieht das Elend förmlich umsichgreifen [...]", schrieb die in Frankfurt lebende Schweizer Studentin Lilly Staudenmann-Stettler im August 1922. Nichtsahnend, dass Ende des Jahres 1923 ein Dollar 4,2 Billionen Mark kosten sollte. Das Krisenjahr der Hyperinflation wird nun 100 Jahre später vom Historischen Museum Frankfurt in einer Ausstellung thematisiert.

Während die Inflation von 1923 historisch gut erforscht ist und um das Jahr 2023 mit einer Reihe von neuen Publikationen bedacht wurde, wird sie nun erstmals zum zentralen Thema einer Ausstellung. In dieser werden eingangs zentrale Fragestellungen zur Funktion von Geld in einer Volkswirtschaft behandelt und neben den grundlegenden Mechanismen der wirtschaftlichen Erscheinung „Inflation" auch auf ihre Begriffs- und Ideengeschichte verwiesen.

Die Rückschau auf historische Teuerungen im zweiten Bereich der Ausstellung verdeutlicht, dass es sich 1923 um kein singuläres Phänomen handelte. Im Verlauf der Geschichte gab es schon viele Inflationen, die zeitgenössisch als „Teuerung" wahrgenommen wurden. So jährt in 2023 sich auch zum 400. Mal das Ende der Kipper- und Wipperinflation im Jahr 1623, der schlimmsten Phase von Teuerungen des Heiligen Römischen Reiches Deutscher Nation.
Im dritten Bereich wendet sich die Ausstellung der Aufgabe des Goldstandards um 1914 und dem Ersten Weltkrieg zu, in dessen Verlauf bereits der Großteil des Vermögens der Deutschen vernichtet wurde.

Die ab 1919 spürbare und in Wellen verlaufende Inflation wird im vierten Bereich behandelt. Hier werden die gesellschaftlichen Spannungen, die der Krieg, die andauernde Mangelversorgung und die Inflation verursacht haben, aufgezeigt. Der mit dem Wertverlust des Geldes parallel verlaufende Verlust von Ordnungen, Werten und Orientierungen im privaten, öffentlichen und politischen Leben schlug sich in dieser Phase in politischen Morden und Aufständen, Streiks und Plünderungen nieder. Der monetäre Entwertungsvorgang veränderte zwangsläufig die soziale, wirtschaftliche und politische Ordnung. Diesen Prozess dokumentieren unter anderem zeitgenössische Karikaturen aus den damals populären politisch-satirischen Zeitschriften „Simplicissimus", „Kladderadatsch", „Der Wahre Jacob" und „Lachen Links".

Der endgültige Zusammensturz der Wirtschaft im Jahr 1923 steht im Zentrum der Ausstellung. Die fünfte und umfangreichste Sektion zeigt die Bilder, die bis heute im kollektiven Gedächtnis überliefert sind: Wäschekörbe voller Geld, mit Scheinen spielende Kinder, Menschenschlangen an ebensmittelmarkenausgabestellen. Schilderungen von Zeitzeuginnen und Zeitzeugen, wie die Tagebucheinträge der Schriftstellerin und Fotografin Thea Sternheim, verdeutlichen eindrücklich die Situation in der Weimarer Republik angesichts der Krise:

„23. Oktober 1923. Wachsende Verelendung. Die Geschäfte gähnen Leere, während vor den Schaufenstern aus allen Klassen zusammengewürfelte Menschen die auf Milliarden gekletterten Zahlen der Preise anstieren. [...] Nirgends ist Fleisch, nirgends ist Brot zu haben. [...] 40 Milliarden Papiermark für den Dollar. Das faszistische

Abb. 3 — Gutschein der Stadt Frankfurt über Fünftausend Millionen Mark, 24. Oktober 1923, HMF.MP00071.

Bayern in offenem Aufruhr regiert selbständig vom Reich. Sachsen ist mit Reichswehr überschwemmt. [...] Die separatistische Bewegung im Rheinland greift um sich und bemächtigt sich in Aachen der öffentlichen Gewalt.

8. November 1923. Der Dollar amtlich auf 640 Milliarden, im Ausland aber schon mehrere Billionen [...] Die nach Opfern suchende Volkswut stürzt sich auf die Juden.

21. Dezember 1923 Unsere pekuniäre Lage ist natürlich erschreckend. Mit Verpflichtungen überbürdet, schwindet die Substanz unseres Vermögens von Tag zu Tag. Jeder einzelne von Geldhunger gepeitscht, wendet so viel als möglich herauszupressen, inquisitorische Mittel an."

Wie unter der Regierung Gustav Stresemanns mit der Einführung der Rentenmark die Hyperinflation im November 1923 beendet werden konnte, erörtert der sechste Bereich. Dieser zeigt jedoch auch, dass die von Sternheim beschriebenen Unruhen und Separatismusbestrebungen mit dem Ende der Hyperinflation nicht einfach verebbten. Nur wenige Tage nach der Einführung der Rentenmark hatte in Bayern der Hitler-Pusch stattgefunden und die durch die neue Währung erhoffte Stabilisierung erfolgte nur langsam.

Der letzte und siebte Bereich führt über den Nationalsozialismus, die Währungsreform 1948, die Öl-Krise in den 1970er-Jahren, die Einführung der D-Mark in der DDR 1990 und der Euroeinführung 2001 in die Gegenwart.

Der Begleitband zur Ausstellung greift die zentralen Themen der sieben Ausstellungsbereiche auf und folgt der Ausstellungsstruktur. Jedes Kapitel enthält neben einer Einführung Bilderserien, die die Exponate der Ausstellung dokumentieren, darunter insbesondere eine themenrelevante Auswahl aus den 120.000 Objekten der numismatischen Sammlung des Historischen Museums. Mit kurzen Beiträgen heben die Kuratierenden Exponate hervor, die als Schlaglichter fungieren.

Dass Frankfurt wie in der Gegenwart auch schon in der Vergangenheit ein zentraler Ort für die Geldgeschichte und -politik war, zeigen drei Essays auf: Konrad Schneider skizziert die Auswirkungen der Kipper- und Wipperinflation auf die Stadt, Eckehard Gottwald beschreibt das Frankfurter Notgeld während der Zeit des Ersten Weltkrieges und Nathalie Angersbach widmet sich der Einführung der Deutschen Mark in Frankfurt 1948.

—— Inflation?

Im November 1922 erschien im Satiremagazin Simplicissimus eine Karikatur von Erich Schilling mit dem Titel „Gutenberg und die Milliardenpresse". Sie zeigt den bestürzten Begründer des Buchdrucks in einer Flut von Geldscheinen, nach denen sich ausgezehrte Finger recken. „Das habe ich nicht gewollt", heißt es darunter. Die Karikatur verdeutlicht ein zentrales Phänomen von Inflationen: Die Vermehrung der umlaufenden Geldmenge. Als Inflation gilt ein anhaltender Prozess der Geldentwertung, der sich durch allgemeine Preiserhöhungen bemerkbar macht, wodurch die Kaufkraft des Geldes sinkt. Messbar wird dies anhand von Preisindizes, wie dem Verbraucherpreisindex für Deutschland, der einen Anstieg des Preisniveaus anzeigt. Zeigt die Inflationsrate einen Anstieg von mehr als zwei Prozent jährlich an, wird von Inflation gesprochen. Gemäß der klassischen Inflationstheorie ist die umlaufende Geldmenge in einer Volkswirtschaft hierfür entscheidend. Übersteigt die Geldmenge das Warenangebot, steigen die Preise. Die Preissteigerungen erfordern höhere Löhne, wodurch die Güternachfrage weiter ansteigt. Gleichzeitig führen höhere Lohnzahlungen zu Mehrkosten für die Unternehmen, die deshalb die Preise ihrer Güter anheben. Die Folge ist eine Lohn-Preis-Spirale. Aus Angst, dass die Preise immer weiter steigen, geben die Menschen ihr Geld für Güter aus oder erwerben Sachwerte. Die Inflation verstärkt sich durch diese Prozesse selbst. Das Geld, das in den modernen Volkswirtschaften nach drei Grundfunktionen definiert wird und als allgemein anerkanntes Tauschmittel, als Wertaufbewahrungsmittel und als Recheneinheit dient, büßt seine Funktionen ein. Auslöser einer Inflation können Krisen wie Kriege, der Anstieg von Rohstoffpreisen oder Lieferkettenengpässe sein. Je nach der Höhe der Preissteigerungen wird metaphorisch von schleichender, trabender oder galoppierender Inflation gesprochen. Bei einer monatlichen Teuerungsrate von über 50 Prozent spricht man von einer Hyperinflation. Auffällig ist, dass das Phänomen der Inflation wie kaum ein anderes von Metaphern begleitet wird. Eine Analyse von 450 Millionen Wörtern im amerikanisch-englischen Sprachraum untersuchte die metaphorischen Bezüge zum Begriff Inflation mit dem Ergebnis, dass fünf Begriffe immer wieder im Kontext genutzt werden und diese Bilder heraufbeschwören: Inflation als das Feuer, das Tier, der Feind, das Rennpferd, die Maschine (Lakoff/Johnson, 2004). Inzwischen ist der Begriff selbst zur Metapher geworden und wird auch auf Lebensbereiche angewendet, die nichts mit dem Geldwesen zu tun haben.

Erstmals kam der Begriff „Inflation", vom lateinischen „inflare" für „aufblasen", in den 1830er-Jahren in den USA auf. In der „free banking era", als die Banken frei von staatlicher Regulierung waren, bezog sich der Begriff „inflation" noch nicht auf Preissteigerung, sondern auf die Menge der ungedeckt umlaufenden Banknoten. Die Ersterwähnung der Inflation im Sinne der Geldentwertung und Preissteigerung stammt von dem Juristen Daniel Dewey Barnard: "The property pledge can have no tendency whatever to prevent on inflation on the currency." („Das Eigentumspfand kann keinerlei Tendenz haben, eine Inflation der Währung zu verhindern.") In der deutschen Fachliteratur bezeichnete das Wort „Inflationismus" (Ludwig von Mises, 1912) ein mit Zwangskurs belegtes Umlaufmittel. Mit dem Ersten Weltkrieg und dem damit einhergehenden Preisanstieg wurde „Inflation" im heutigen Sinne zum Gegenstand finanzpolitischer Untersuchungen.

Als die Gutenberg-Karikatur 1922 erschein, herrschte im Deutschen Reich eine seit 1919 andauernde Inflation, die im Herbst 1923 ihren Höhepunkt erreichte. Die Reichsmark verlor ihre Währungsfunktion endgültig und kam in den Zustand der „Repudiation". Der volkswirtschaftliche Sprachgebrauch versteht darunter die Zurückweisung der Annahme von Geld wegen zu geringer Kaufkraft. **NA, FB**

Abb. 4 —— „Gutenberg und die Millionenpresse",
Karikatur von Erich Schilling, Simplicissimus, Nr. 33 vom 15. November 1922, S. 496, Privatbesitz, Foto: HMF.

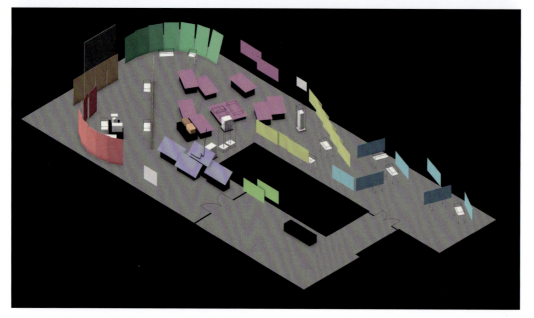

Abb. 5 —— Der Geldschein wurde zum Leitmotiv für die Ausstellungsgestaltung. Entwurf: Thomas Rustemeyer.

Abb. 6 —— Raumplan der Ausstellung „Inflation 1923. Krieg, Geld, Trauma" im Sonderausstellungsraum in Ebene 0 des HMF, Entwurf: Thomas Rustemeyer.

Abb. 7 —— Eine US-amerikanische Studie untersuchte metaphorische Bezüge zum Begriff Inflation. Das Ergebnis: Inflation wird oft verbildlicht als Feuer, Krankheit, Tier, Feind, Rennpferd, Maschine. Metaphern der Inflation, Entwurf: Lukas Betzler, Studio Panorama.

Abb. 8 ——— Banknote zu einem Dollar, Bank of Washtenaw, Ann Arbour, Michigan 1835, HMF.MP00430.

Abb. 9 ——— Banknote zu 100 Million-Billion Pengö, Ungarn 1946, Deutsche Bundesbank, Geldscheinsammlung, K14543.

Abb. 10 ——— „Inflation", Karikatur von Thomas Theodor Heine, Simplicissimus Nr. 32 vom 8. November 1922, S. 459, Privatbesitz, Foto: HMF.

Inflation

(Th. Th. Heine)

„Inflation"
Ein Film von Hans Richter ──

Der Maler und Graphiker Hans Richter (1888–1976) stand ab 1916 zeit seines Lebens dem Dadaismus nahe und kam 1921 zum experimentellen Film. In seinem langjährigen Schaffen wurde er zu einem der bedeutendsten Vertreter des abstrakten Films in Deutschland. „Inflation" (1928) entstand als semidokumentarische Einleitung zu dem UFA-Film „Die Dame mit der Maske" (1928, Regie Wilhelm Thiele). Es handelt sich um die Darstellung einer Tragödie der Inflationszeit, in der Heinrich George den ungehobelten vulgären Emporkömmling spielt.

In diesem ersten Film-Essay Hans Richters interpretiert er Tatsachen aus der Hochzeit der deutschen Inflation von 1923, indem er abstrakte Formen, Symbole und tragikomische Effekte mischt. Mit avantgardistischen Mitteln übt er Kapitalismuskritik gemäß seiner Forderung: „Auch das, was an sich unsichtbar ist, muss sichtbar gemacht werden". In seiner experimentellen Collage aus animierten Ziffern und dokumentarischen Bildern zeigt er Geldvermehrung und -entwertung, Inflationsgewinner und -verlierer innerhalb einer monströsen Geld- und Versorgungskrise. Erkennen Betrachtende anfangs noch Münzen als traditionelles Symbol für Geld und Reichtum, so wandeln sie sich umgehend in Sterne und Kreise als bewegtes Geld, und bald ist damit Schluss. Es regnet jetzt Geldscheine herab, bestaunt von fassungslosen Gesichtern.

Das Leitmotiv dieser kurzen rhythmischen Bildfolge aus den Inflationsjahren ist das Dollar-Zeichen als bestimmendes Symbol des apokalyptischen Herbstes 1923. Im Gegensatz dazu stehen die sich immer rasanter vermehrenden Nullen auf den deutschen Banknoten. Nicht nur der aufgedruckte Betrag, sondern auch die Anzahl der Geldscheine wächst. Hände durchwühlen und zählen die Scheine, wobei auch die Geldstapel wachsen. Wer davon profitiert, ist klar: der vulgäre, Zigarre paffende Spekulant. Eine eindrucksvolle, schnelle Sequenz ohne Text zeigt die Verwandlung eines großbürgerlichen Zeitungslesers in einen Bettler. Indem der Mann seinen Hut vom Kopf nimmt und ihn in der Haltung eines Bettlers umdreht, markiert Richter die Mittelschicht als Verlierer der Inflation. Bildimpulse zeigen die Entwertung der Deutschen Mark, indem Banknoten ständig wechselnden, immer wertloseren Gegenständen gegenübergestellt werden. Der Betrag, mit dem man sich vormals ein Kraftfahrzeug kaufte, reichte erst noch für eine Nähmaschine, dann für ein paar Schuhe, dann für eine Flasche Wein und hat am Ende nur noch den Gegenwert einer Zigarette.

Der endgültige Zusammenbruch der Wirtschaft offenbart sich schließlich symbolhaft in einer zusammenstürzenden Mauer am Ende des Films. Hier wird suggeriert, dass die Börse über den Spekulanten einstürzt, aber auch eine ganze Welt zusammenbricht. **FB**

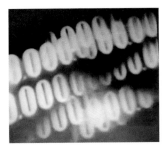

Abb. 11 —— Standbilder aus dem Film „Inflation", Hans Richter 1928.

—— Kurze Geschichte der Inflation

2012 legten die US-amerikanischen Wirtschaftswissenschaftler Steve H. Hanke und Nicholas Krus in einer Studie zu den bis dahin 56 dokumentierten weltweiten Hyperinflationen im 20. und 21. Jahrhundert dar, dass extreme Geldentwertungen keine Seltenheit sind. Auf Platz eins der Inflationen steht Ungarn. Das Land erlebte zwischen August 1945 und Juli 1946 eine Preissteigerungsrate von täglich 207 Prozent, die zu einer durchschnittlichen Verdoppelung der Preise alle 15 Stunden führte. Die deutsche Inflation von 1923 folgt auf Platz fünf mit einer durchschnittlichen Verdoppelung der Preise alle vier Tage.

Seit der römischen Antike sind inflationäre Entwicklungen bekannt. Erstmals kam es in China mit der Ausgabe von Papiergeld im 14. Jahrhundert in der Ming-Dynastie zur Inflation. Kaiser Hongwu gab ab 1375 Geldscheine aus, um den Handel anzukurbeln. Obwohl die Methode, Kupfermünzen durch den preiswerteren Rohstoff Papier zu ersetzen, bereits im 6. Jahrhundert in China gängig war, wurde Geld traditionell aus Edelmetallen hergestellt. In der Regel bedienten sich geldbedürftige Staaten der Methode der Wertverschlechterung der Münzen durch die Minderung des Edelmetallgehalts. In den ersten Jahren des 30-jährigen Krieges (1618–1648) gab es in Mitteleuropa eine Münzverschlechterung durch die Erhöhung des Kupfergehalts der kleineren Silbermünzen. Das Ergebnis war eine deutliche Preissteigerung, eine „Teuerung", für landwirtschaftliche und gewerbliche Erzeugnisse. Mit einer Waage, der Wippe, wurden die besseren Münzen aussortiert, gekippt. Davon leitet sich der Name der Kipper- und Wipperzeit ab, die zur größten Inflation in der Geschichte des Heiligen Römischen Reiches Deutscher Nation wurde.

Im späteren 17. Jahrhundert unterlagen vor allem Kursachsen und Kurbrandenburg der Versuchung, Kleinmünzen unterwertig auszugeben. Die mit Kupfer versetzten 6-Pfennig-Stücke der Zeit um 1700 wurden dementsprechend „Rote Seufzer" genannt. Friedrich der Große (1712–1786) griff zur Kriegsfinanzierung ebenfalls zum Mittel der Geldverschlechterung, was ihm Millionenbeträge einbrachte. In Frankreich traten 1718 übermäßige Papiergeldausgaben mit Ausgabe der „Banque Royale Noten" und der Spekulationsblase rund um die „Mississippi Kompanie" auf. Eine weitere Inflation erlebte Frankreich Ende des 18. Jahrhunderts durch die Ausgabe von Assignaten. Diese wurden ab 1789 in hohen Mengen und später auch zinsfrei ausgegeben, sodass sie schnell an Wert verloren. Zahlreiche kursierende Fälschungen kurbelten die Verschlechterung an, bis 1795 sämtliche Kaufleute ihre Annahme verweigerten und die Assignate von Territorialmandaten abgelöst werden mussten.

Auch Österreich erlebte zwischen 1800 und 1811 eine so massive Entwertung der seit 1762 durch Maria Theresia (1717–1780) eingeführten „Bancozettel", dass sie Goethe zur berühmten Papiergeldszene in Faust II inspirierte. Grund waren gestiegene Staatsschulden und die Reparationszahlungen, die Österreich an Frankreich infolge des Fünften Koalitionskrieges und im Anschluss an den zwischen Kaiser Franz II. und Napoleon geschlossenen Friedensvertrages zahlen musste. Dass Krieg ein häufiger Auslöser inflationärer Entwicklungen ist, zeigt auch das Bespiel der USA während des Sezessionskrieges (1861–1865). 1861 führten die Konföderierten Staaten den Confederate States of America Dollar (CSD) als eigene Währung ein. Aufgrund des langen und verlustreichen Krieges und der wirtschaftlich schwierigen Situation in den Südstaaten kam es zu einem Preisanstieg von 9.000 Prozent und einem Wertverlust des CSD von 90 Cent bei Kriegsbeginn auf 0,017 Cent bei Kriegsende. Hankes und Krus' Aussage, „Hyperinflation is an economic malady that arises under extreme conditions", lässt sich so auch auf die Geschichte vor dem 20. Jahrhundert übertragen. **NA, FB**

Abb. 12 —— „Rote Seufzer", unterwertige Münzen zu sechs Pfennigen des Kurfürstentums Brandenburg 1676 und 1684 (MHF.M04921; HMF.M04922), des Königreichs Preußen 1710 und 1711 (HMF.M29313; M29314) und des Kurfürstentums Sachsen 1702 (HMF.M.33903; HMF.M33904).

Frankfurt in der Kipper- und Wipperzeit

Konrad Schneider

Metallene Inflation

In der deutschen Münz- und Geldgeschichte wird die Zeit zwischen 1619 und 1623 als *Kipper- und Wipperzeit* bezeichnet. Sie war eine Zeit massiver Münzverschlechterung, die auch eine *metallene Inflation* genannt wurde. Diese Krise des Metallgeldes hatte ihren Namen vom illegalen Auswägen schwererer und übergewichtiger Geldstücke mit Schnellwaagen, die auch *Geldkippen* hießen. Solche Schnellwaagen waren für bestimmte Goldmünzen auch bis ins 20. Jahrhundert in Gebrauch. Die Krise umfasste nicht das gesamte Reich und auch nicht alle Münzsorten. Ihre Ursache lag in den Reichsmünzreformen von 1524, 1551 und 1559 sowie dem Reichsabschied von 1566, die alle dem Reich hochwertige Reichstaler und Dukaten als Kernstücke des Reformwerks beschert hatten. Dagegen sollten wertbeständige Mittel- und Kleinmünzen nach den Reichsgesetzen nach Gewicht und Feingehalt zu wertvoll hergestellt werden. In Folge dessen war es nicht möglich, kleinere Werte bei steigendem Silberpreis ohne Verlust auszuprägen. Auch während der Kipper- und Wipperzeit blieben Feingehalte und Gewichte der Reichstaler und Dukaten unverändert gleich. Im Reich konnten Münzen oft nur von denjenigen Reichsständen ohne Verlust geprägt werden, die selbst Silber produzierten wie Habsburg, Sachsen und die Welfen oder günstig einkauften, so große Reichsstädte (vgl. Abb. 13).

Im Vergleich dazu entwickelten die Spanische Niederlande und Frankreich im 16. und 17. Jahrhundert Systeme, die Münzen aller Wertstufen ermöglichten. Die Schweiz und Lothringen, die sich vom Reich auch im Münzwesen emanzipierten, waren mit ihrem Geld ebenfalls vertreten, obwohl das durch die Reichsmünzordnungen im Reich verboten war. Französische, spanische, italienische und polnische Münzen waren im Reich oft begehrter Ersatz für die fehlenden Reichsmünzen.

Das Ausbleiben von mittleren und kleineren Münzen nach den Reichsnormen führte schon ab der Zeit um 1570 zu Ersatz in geringer Qualität. Die neuen und zahlreich geprägten Klein- und Mittelmünzen trugen die von den Reichsnormen vorgeschriebenen Münzbilder, hatten aber nicht deren Wert. Die Lust an der Spekulation mit Geld, dessen Nennwert gegenüber dem Realwert einen höheren Wert vorgaukelte, nahm zu. Qualitätvolles Geld war in Gefahr, unter der Vortäuschung eines Gewinns gegen größere Summen schlechten Geldes aufgewechselt zu werden. Doch war der in einem solchen Geschäft erworbene Materialwert letztlich kein Gewinn. In solchen Perioden der Geldverschlechterung wurde gutes Geld oft gehortet.

Die den Reichskreisen vom Reich vorgeschriebenen regelmäßigen Probationstage zur Ausübung der Münzpolizei und die für jeden Kreis bestellten Kontrolleure der Münzmeister, die Kreiswardeine, sollten regulierend wirken, scheiterten dabei aber an dieser Aufgabe. Stattdessen nahm die Menge an mittleren und kleineren Münzen zu und deren Qualität ab. Diese Verschlechterung, an der viele Reichsstände und selbst der Kaiser teilnahmen, erreichte ihren Höhepunkt nach 1619 und dauerte bis 1622/24. Denn der Rausch des schnellen Gewinns verflog schnell und machte einem Kater Platz. Am Beispiel von Kurtrier wird dies deutlich. 1622 kehrte Kurfürst Lothar von

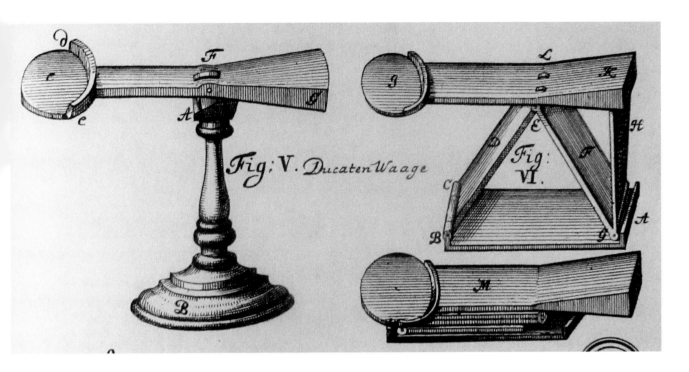

Abb. 13 —— Dukatenwaage, aus: Leupold 1726, S. 56;
Tab. XVI. Sheppard/Musham 1975, S. 105–155.

Metternich zur Reichsmünzordnung zurück. Zuvor hatte sein Münzmeister die Legende der Sechsalbus von CHVR. TRIER. LANDMVNTZ in CHVR. TRIER. TANDMVNTZ verändert. Kloakenfunde aus Koblenz belegen, dass sie beutelweise entsorgt wurden, als der trierische Staat zur Reichsmünzordnung zurückkehrte und möglicherweise rechtlich gegen die Urheber des schlechten Geldes vorging. In einer Kloake auf dem Münzplatz in Koblenz wurden 600 dieser Münzen und die Plombe des Beutels gefunden, mit dem das Geld entsorgt worden war (vgl. Abb. 15).

Das Reich und die Reichskreise beschäftigten sich nur sporadisch mit Fragen des Münzwesens, zu dem eine meist folgenlose Flut von Mandaten gedruckt wurde. Die Münzverschlechterung war vorwiegend auf die kleineren und mittleren Sorten beschränkt und mündete nach 1619 in die Kipper- und Wipperzeit. Diese Entwicklung war weder durch Gesetze oder Gutachten noch gut gemeinte Ansätze zur Lösung der Probleme aufzuhalten. Durch die schnell fortschreitende Verschlechterung des Kleingeldes, insbesondere der Doppelschillinge und Guten Groschen (1/24 Taler) im Norden und in der Mitte Deutschlands sowie der Groschen zu drei Kreuzern und der Halbbatzen zu zwei Kreuzern im Süden, stieg der Kurs der Taler- und Goldmünzen mit regionalen Unterschieden massiv an (vgl. Abb. 15 a und b).

Um 1620 kapitulierten die Reichkreise zunächst vor diesem Problem. Auch der Oberrheinische Kreis hielt seinen vorerst letzten Probationstag ab. Der Kaiser und einige Kurfürsten beteiligen sich an der Geldverschlechterung. Die Kipper- und Wipperzeit brachte regional eine stattliche Anzahl von Flugschriften als eigene Gattung hervor, die die Urheber des schlechten Geldes angriffen und manchmal auch mit illustrierten Flugschriften ausgestattet waren. Zwischen 1622 und 1624 kam eine Kehrtwende, als Kaiser und Reich die Prägung von minderwertigem Kippergeld aufgaben, zum Geld nach der Reichsmünzordnung zurückkehrten, das schlechte Geld außer Kurs setzten und es

Abb. 14 —— Kurtrierische Kipper-Sechsalbus, 1622, HMF.M38892.

Abb. 15 a + b —— Kipperzeitliche Schreckenberger zu 12 Kreuzern von Braunschweig-Wolfenbüttel, HMF.M05469, und Hessen-Kassel, HMF.M13418.

umprägten. Das Einschmelzen und Umprägen führte zu größeren Mengen von Talern, die zur Stabilisierung des Geldwesens beitrugen.

Frankfurt

Frankfurt gehörte zum Oberrheinischen Kreis, dessen Direktoren der Bischof von Worms und der Pfalzgraf von Simmern waren. Das Kreisgebiet erstreckte sich grob über die heutige Pfalz, die Wetterau und Hessen und gehörte zum süddeutschen Währungsgebiet mit dem Gulden zu 60 Kreuzern. Beide Kreisdirektoren und die meisten Kreisstände prägten nach 1570 große Mengen von immer geringwertigeren Groschen, Halbbatzen und Schüsselpfennigen, gegen die das Reich wiederholt vorging.

1608 versuchten der Oberrheinische Kreis und der mit ihm verwobene Kurrheinische Kreis der vier rheinischen Kurfürsten gegen die Kleingeldverschlechterung vorzugehen und schufen einen neuen stabileren Pfennig, von dem acht auf den neuen oberrheinischen Albus gingen. Doch dieser Reformansatz ging in der zunehmenden Geldverschlechterung unter. Der neue Albus blieb bestehen, während sich der neue und bessere Pfennig nicht durchsetzen konnte. Von diesen Pfennigen wurden große Mengen geprägt, wie einige markante Schatzfunde belegen. Eine Erscheinung dieser Krisenzeit waren die *Tütenzahlungen*, bei denen Kleingeld in verschlossenen und versiegelten Tüten zu einem bestimmten Nennwert weitergegeben wurden. Oft war darin auch Falschgeld und Metall in Stücken, so dass sich niemand traute, diese *numismatischen Wundertüten* zu öffnen.

Die Reichsstadt Frankfurt erhielt 1428 vom Kaiser das Recht der Silbermünzenprägung und 1555 das für Goldmünzen. Nach den Reichsmünzgesetzen war sie neben Darmstadt, Fulda und Hanau Standort einer oberrheinischen Kreismünze, in denen die münzberechtigten Kreisstände prägen durften. Die Frankfurter Münze prägte nach der Erteilung des Münzrechts 1428 größere Mengen von Turnosen, Englischen und Hellern in einer ersten Prägeperiode bis 1540. In den Jahren 1546/47 prägte Frankfurt vorübergehend ganze und halbe Taler und dann erst wieder 1571/72 nach dem Erhalt des Goldmünzenprivilegs 1555 und der Einführung der nunmehr abgeschlossenen Reichsmünzgesetzgebung Schüsselpfennige, Halbbatzen, Reichsgulden, Taler und Goldgulden in vergleichsweise geringen Mengen (vgl. Abb. 16).

Frankfurt beriet wohl auf Anregung durch auswärtige Kaufleute 1606 die Auswirkungen der Preissteigerung für die groben Münzsorten. In Folge dessen wurden von 1609 bis 1612 Schüsselpfennige, Albus novus zu zwei Kreuzern, Dreibätzner (12 Kreuzer), Taler und Goldgulden geprägt. Ab 1618 modernisierte der kenntnisreiche Münzmeister Caspar Ayrer den Münzbetrieb und stattete ihn mit neuen Geräten aus. Es gab Walzwerke zum Walzen der Zaine auf die gewünschte Stärke, Durchschnitte zum Ausstanzen der Schrötlinge sowie Spindelpressen und Taschenwerke zum Prägen der Münzen. Ayrer errichtete und betrieb auch eine Scheideanstalt zum Scheiden von Gold und Silber. Damit besaß Frankfurt einen Münzbetrieb, der auf der Höhe seiner Zeit war, und prägte ab 1617 unter fachkundiger Leitung größere Mengen von Talern, die auch heute noch reichlich vorkommen.

Regelrechte Kippermünzen, deren geringer Silbergehalt vielfach schon äußerlich sichtbar war, wurden in Frankfurt nicht geprägt. Die geringwertigen und 125/1.000 feinen Kreuzer von 1622 waren eher geringe Scheidemünzen als Kippergeld, denn Frankfurt hatte an einer spekulativen Geldverschlechterung kein Interesse. Grund dafür war der offensichtliche durch sie verursachte wirtschaftliche Schaden. Frankfurt begann 1620 mit der Prägung kleinerer Sorten: Dreibätznern, Sechs- Zwei- und Einkreuzerstücken sowie leichten Schüsselpfennigen (1621) und wurde wegen seines Münzwesens ohne weitere Folgen vor das Reichskammergericht zitiert.

Frankfurts Territorialnachbarn wie die Grafen von Hanau, Solms und Stolberg-Königstein sowie die Burggrafschaft Friedberg prägten zum Teil reichlich schlechtes Geld. Auch in der Stadt lässt sich ein reger spekulativer Geldhandel nachweisen. Die vom Kreiswardein angelegten Probationsregister des Oberrheinischen Kreises belegen den Qualitätsverfall bestimmter umlaufender Geldsorten. Bei Dukaten, Goldgulden und Talern samt Teilstücken sind keine Realwertverluste festzustellen. Die Feingewichte der Dreibätzner für 1619 und 1620 schwankten deutlich. Während bei Groschen zu drei Kreuzern von 1573 bis 1587 96 bis 112 Stück aus der Mark zu 233,8 g mit einem Feingehalt von 0,500 festgestellt wurden, waren es 1619 bis 205 vom gleichen Feingehalt. Die Halbbatzen waren gleich fein. Zwischen 1571 bis 1581 wurden 148 bis 169 aus der Mark gezählt und 1588 bis 1595 bereits 172 bis 194. Im Jahr 1594 wurden die Halbbatzen im Reich verboten. Bei den Pfennigen schwankte der Münzfuß stark.

Entsprechend zur Verschlechterung des mittleren und kleinen Umlaufgeldes stieg der Kurs der Reichstaler. Im Jahr 1571 stand er auf 67 Kreuzern und bewegte sich bis 1597 auf 72 bis 76 Kreuzer. Im Herbst 1586 erreichte er 86 Kreuzer, stand 1601 bis 1604 bei 84 bis 88 Kreuzern, fiel bis 1608 zeitweise auf 72 bis 80 Kreuzer und war 1609 bis 1612 bei 84 Kreuzern. 1616 erreichte der Talerkurs 90 Kreuzer, sprang 1618 über 90 auf 92 Kreuzer und 1619 auf 108 bis 114 Kreuzer. Anschließend nahm der Kursauftrieb stärker zu. 1620 stand der Taler in einer Bewertung durch den Oberrheinischen Kreis auf 124 Kreuzern, im Dezember 1620 auf 140 Kreuzern, im Mai 1621 auf 195 Kreuzern, im Januar 1622 auf 440 Kreuzern, im März 1622 auf 610 bis 610 Kreuzern. Anschließend gab er im Juni auf 300 bis 420 Kreuzer nach und stand im November 1622 auf 360 Kreuzern.

Überwindung der Krise
Nach dem Zusammenbruch der verfassungsmäßigen Organisation im Ober- und Kurrheinischen Kreis bemühten sich einzelne Mächte um eine Besserung der Verhältnisse. Nach 1621 fand sich im Rhein-Main-Gebiet ein rhein-mainischer Münzverein zusammen, der aus Frankfurt, Kurmainz, Hessen-Darmstadt und Nassau-Saarbrücken bestand. Nassau-Saarbrücken schied 1634 wieder aus. Alle vier hatten Erfahrungen mit der Verschlechterung von Kleingeld gemacht, aber kein Kippergeld in nennenswerten Mengen

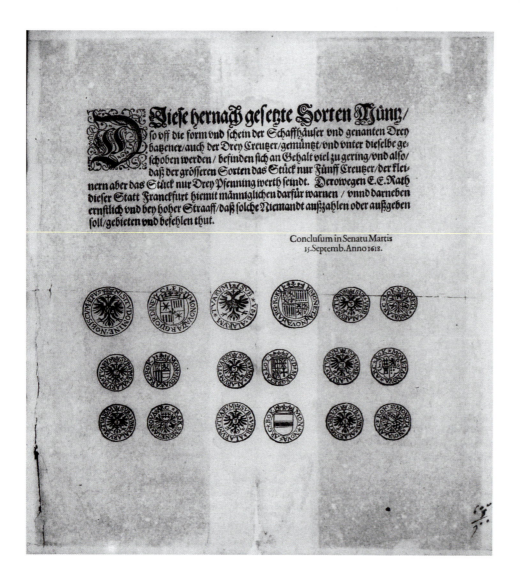

Abb. 16 —— Frankfurter Mandat gegen minderwertiges Geld von Château Renaud 1618 von der Westgrenze des Reiches, Institut für Stadtgeschichte Frankfurt, Ratsverordnungen, 2, fol. 8.

Abb. 17 —— Gemeinschaftsalbus des rhein-mainischen Münzvereins, HMF.MJF0387.

geprägt. Die vorbereitenden Überlegungen knüpften an die Frankfurter Pfennige von 1621 an.

Überlegungen zur Prägung von Kupfergeld wurden verworfen und 0,125 feine Pfennige mit den Initialen M(ainz), H(essen) und F(rankfurt) sowie CORRESP. L. M (Correspondenzlandmünz) entwickelt, jedoch nicht umgesetzt. Am 13./23. Juni 1623 schlossen die vier einen Vertrag über gemeinsame Albus mit den Wappen der vier Mitglieder und deren abgekürzten Namen sowie Schüsselpfennige mit den Wappen bzw. Kürzeln der vier Mitglieder, für die in Frankfurt eine besondere Prägestätte eingerichtet wurde. Die Vertragsalbus wurden in großen Mengen geprägt und waren im Rhein-Main Gebiet und darüber hinaus verbreitet. Sie fanden auch Nachahmer im Münzpersonal der Grafen von Leiningen-Westerburg-Westerburg, Leiningen-Westerburg-Schaumburg und der niederländischen Grafen von 's-Heerenberg (vgl. Abb. 17).

Der rhein-mainische Münzverein löste sich nach 1637 auf. Eine Ursache war, dass Kurmainz ab 1628 eigene Wege ging und in der Stadt Mainz geringwertigere Albus prägte. Es gab auch politische Gründe. Nassau-Saarbrücken wurde nach dem Prager Frieden von 1635 aus seinen Besitzungen vertrieben. Frankfurt quittierte seine Mitgliedschaft wegen Querelen mit Mainz. Mainz und Hessen-Darmstadt prägten von 1637 bis 1639 Albus mit dem Mainzer Rad und dem hessischen Löwen. Anschließend wurden nur noch Albus der jeweiligen Länder und mit deren Wappen geprägt.

Eine erneute Geldverschlechterung verband ab 1658 Mainz, Hessen-Darmstadt, Frankfurt und Hanau zu einem neuen Münzverein der fünf Stände, der für solides Kleingeld sorgen sollte und zunächst bis ins frühe 18. Jahrhundert bestand. Frankfurt hielt sich stets an die gültigen Normen. Der Verein prägte nur nach 1693 Münzen mit dem Hinweis auf den Verein der Fünf Stände und beschränkte sich sonst auf das Festlegen des Münzfußes. Nach dem Siebenjährigen Krieg und der mit ihm verbundenen Münzverschlechterung fand sich dieser Münzverein wieder zusammen. Statt Hanau gehörte ihm nun der Kurfürst von Trier an. Geprägt wurde nach dem 1753 von Österreich und Bayern ins Leben gerufenen Konventionsfuß und ohne Bezug auf den rhein-mainischen Münzverein und endete mit dem Alten Reich. In seiner Endphase war der Münzverein nicht besonders aktiv.

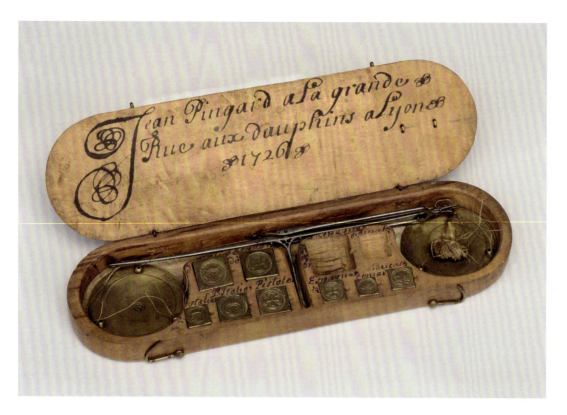

Abb. 18 —— Gleicharmige Balkenwaage für Goldmünzen mit acht Einsatzgewichten, Jean Pingard, Lyon 1725, HMF.X02633.

Abb. 19 —— Gleicharmige Balkenwage für Goldmünzen mit 24 Einsatzgewichten, Johann Mager, Kempten 18. Jahrhundert, HMF.X15255.

Abb. 20 —— Epitaphium oder deß guten Geldes Grabschrifft, Einblattdruck Daniel Manasser, Augsburg 1621, Bayerische Staatsbibliothek München.

Abb. 21 —— 30 Kreuzer, Silber, Herzogtum Bayern 1622, HMF.M01802.

Abb. 22 —— 3 Flitter, Kupfer, Herzogtum Braunschweig-Wolfenbüttel 1621, HMF.M05766.

Abb. 23 —— Doppeltaler zu 60 Groschen, Kurfürstentum Sachsen 1622, HMF.M33734.

Abb. 24 —— Hirschgulden zu 60 Kreuzer, Herzogtum Württemberg 1623, HMF.M41151.

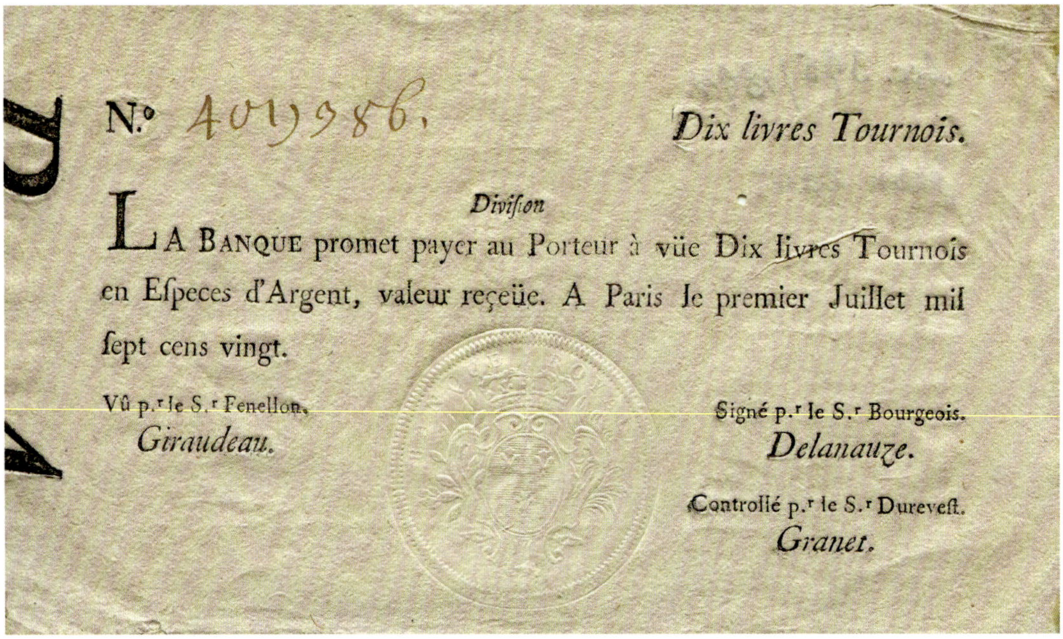

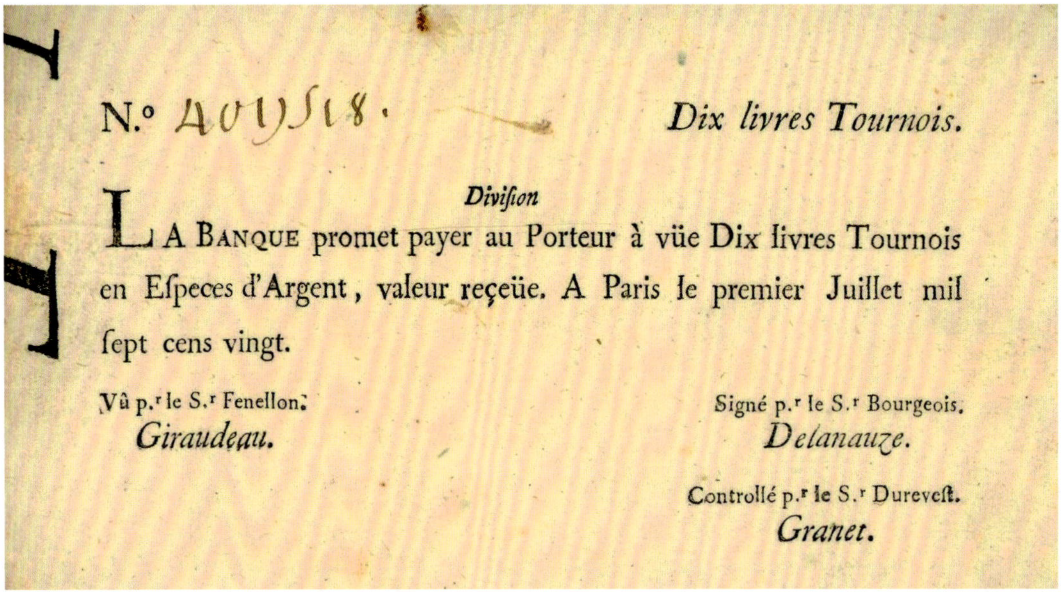

Abb. 25 + 26 —— Banknoten zu 10 Livres Tournois der von John Law gegründeten Banque Royale. Deutsche Bundesbank, Geldscheinsammlung K09967; Staatliche Museen zu Berlin, Münzkabinett 18299514a.

Abb. 27 —— Königsassignat zu fünf Livres, Paris 1791, HMF.C72282a.

Abb. 28 —— Territorialmandat zu einhundert Francs, Paris 1797, HMF.C12788i.

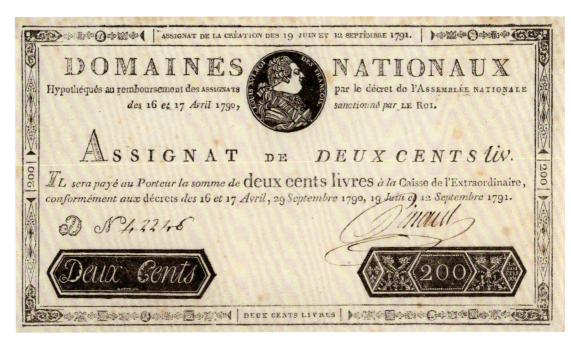

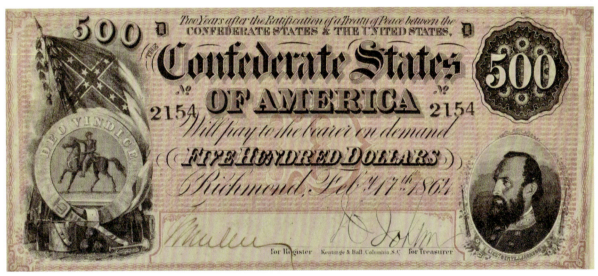

Abb. 29 —— Wiener Stadt Banco-Zettel zu 10 Gulden, Wien, 1. August 1896, HMF.C36223.

Abb. 30 —— Wiener Stadt Banco-Zettel zu 5 Gulden, Wien, 1. Juni 1806, HMF.MP00069.

Abb. 31 —— Banknote zu 100 Dollar, Konföderierte Staaten von Amerika, 5. Dezember 1862, HMF.C11219p.

Abb. 32 —— Banknote zu 500 Dollar, Konföderierte Staaten von Amerika, 17. Februar 1864, HMF.C12219m.

Kuan in China (1375–1488)

Das erste staatliche Papiergeld der Welt entstand unter dem Kaiser Zhenzong (997–1022). Er druckte Scheine im Wert von einem bis zehn „guan" (Schnüre), wobei ein Kuan 1000 Käsch-Münzen in Kupfer entsprach. Diese Art von Zahlungsmittel, die keinen inneren Materialwert hatte, konnte nur funktionieren, wenn eine starke Regierung ihre Durchsetzung erzwang. Der mongolische Erobererkaiser Kubilai Khan (1260–1294) führte mit Regierungsantritt eine Geldreform durch, in der er die Papierwährung „Zhong Tong yuanbao" an Silber koppelte. Die Banknote zu 1.000 Käsch entsprach einer Unze Silber zu 39 Gramm. Davon berichtet Marco Polo (1254–1323), der sich von 1275 bis 1291 in China aufhielt.

„Von Zweigen der Maulbeerbäume läßt er (der Große Khan) die Rinde abstreifen, das Innere, den Bast, aber einweichen und im Mörser zu Brei zerquetschen. Daraus wird dann Papier gemacht, das bis auf die kohlschwarze Farbe dem aus Baumwolle hergestellten völlig gleicht. Es wird nun in rechteckige Stücke verschiedener Größe zerschnitten, je nach dem Wert, den es haben soll [...] Auf jedes Stück schreiben einige besonders dafür angestellte Beamte nicht nur ihre Namen, sondern drücken auch noch ihr Siegel drauf. Dann kommt das Geld zum obersten Münzmeister, und dieser taucht nun das ihm anvertraute Siegel in Zinnober und stempelt alle Scheine damit." (zitiert nach Bürck 1845, S. 325f.)

Der erste Ming-Kaiser Hongwu (1368–1398) ließ Banknoten zu 1000, 300 und 20 Käsch herstellen. Dieser Schein zu einem Kuan entsprach bei seiner Ausgabe um das Jahr 1375 herum 1.000 Kupfermünzen oder einer Unze Feinsilber. Das Zahlungsversprechen lautete: „Für den Umlauf gültiges Papiergeld der großen Ming-Dynastie, das in gleicher Weise wie Kupfergeld für den Umlauf gültig ist." Die Kupfermünzen befanden sich traditionell auf Schnüre aufgezogen als Abbildung auf dem Geldschein. Zu sehen sind zehn Münzschnüre mit je neun Münzen. Es gab auch Ming-Geldscheine in Beträgen von 100, 200, 300, 400 und 500 Käsch. Dem Schein ist sogar ein drastischer Straftext aufgedruckt: „Wer falsches Geld herstellt, wird mit dem Tode bestraft. Wer Fälscher anzeigt oder den Behörden überliefert, erhält 250 Taels Silber als Belohnung und außerdem das Vermögen des Verbrechers."

Eine Steigerung der Geldscheinherstellung führte zwar zur Belebung des Handelsvolumens, aber auch erstmals in der Geschichte des Papiergeldes zur Inflation. Unter Hongwu wurden abgenutzte Banknoten nur gegen Gebühr gegen frische ersetzt. Nach 25 Jahren, um 1400, kostete eine Unze Silber 35 Geldscheine, um 1420 schon 80 Geldscheine und schließlich um 1450 sogar 1000 Geldscheine. Nach 1455 wurde Papiergeld nicht mehr produziert. Im Jahr 1535 war ein Guan Papiergeld, nominell 1.000 Kupferkäsch, nur noch 0,28 Käsch wert. **FB**

Abb. 33 —— Chinesischer Geldschein zu einem Kuan, nach 1375, HMF.M.2019.041.

Die Truhen der Kipper

Rechteckige Truhen aus Eisenblech, verstärkt mit schmiedeeisernen und vernieteten Bandbeschlägen, waren im 17. Jahrhundert gängige Produkte des süddeutschen eisenverarbeitenden Gewerbes. Natürlich waren die Eisentruhen immer abschließbar, wobei die Innenseite des Deckels eine aufwändige Mechanik der Schlosskonstruktion aufwies. Zentren des Schmiedehandwerks waren – trotz fehlendem Eisenvorkommen – vor allem Nürnberg und Augsburg, auch Würzburg wird noch genannt. Es handelte sich bis in kleinste Betriebe hinein um ein hochspezialisiertes Handwerk mit verschiedenen Arbeitsschwerpunkten. Die grundsätzliche Unterteilung bestand zwischen Grobschmieden und Kleinschmieden.

Konstruktionsbedingt ist es sicher, dass diese Truhen der Aufbewahrung kostbarer Dinge dienten. Dazu gehören etwa Privilegien und unersetzliche Urkunden. Handwerkerzünfte lagerten ihre wertvollen schriftlichen Dokumente, Siegelstempel und die Beträge für die Sterbekasse in sogenannten Zunfttruhen. Bei großen Eisentruhen wird aber in erster Linie an Aufbewahrung von Gold, Münzgeld und Schmuck gedacht, wie es etwa Ludwig Tieck beschreibt: „Ihr findet vieles Gold in jenen festverwahrten Eisentruhen." (Tieck 1828, S. 257) Der aktuelle Kunsthandel beschreibt Eisentruhen gerne, ohne Belege dafür zu haben, als Soldtruhen oder Kriegskassen. Clemens Brentano als Sohn eines Großkaufmanns aus Frankfurt wusste es besser: „Verrostet stehn des Vaters Eisentruhn." (Brentano 1852, S. 228) Sein Vater hatte darin Bargeld, Wechsel und Kreditbriefe aufbewahrt, wenn nicht sogar alle wichtigen Geschäftsunterlagen.

Auf dem Flugblatt „Newe Rätherschaft" (Neuer Ratschlag), das 1621 in Augsburg im Kontext der Kipper- und Wipperinflation gedruckt wurde, befindet sich eine solche Eisenkiste am unteren Ende einer himmelwärts gerichteten Münzleiter neben einem Geldsack. Aus der Kiste rollen Geldstücke entlang der Leiter in den Himmel hinauf. Sie werden schwerer und teurer und zerquetschen dabei mehrere Menschen. Es sind zum einen diejenigen, die sich aus Habsucht an der Münzverschlechterung beteiligt haben und andererseits die Opfer der Teuerung. Der zugehörige Text lautet: „Es ist kaum ein ding jetzt auf Erd / Im auffsteigen und hohem werth / Als eben das Geld in gemein / Es sey jetzt gleich groß oder klein." Damit ist ausgesagt, dass der Wert des guten und alten Geldes steigt und im Wert zunimmt. Dabei bestand der ökonomische Vorgang eigentlich darin, dass der Wert der kleineren Nominale durch die Münzverschlechterung sehr stand gesunken war. Genau dies verursachte die Teuerung.

Der Urheber allen Übels ist der Mann in gebückter Haltung am Fuße der Leiter. Er nimmt die Münzen aus der Eisentruhe und dem Geldsack, um sie auf die Leiter zu setzen. Gegenüber steht eine Gruppe aus Bürger, Handwerker und Bauer, die das Geschehen untereinander diskutieren. Der umfangreiche Text des Flugblattes beschreibt diese Deutung unmissverständlich. Der Mann am Fuße der Leiter kommt mit dem Aufsteigen des Geldes zu Reichtum, während die Dreiergruppe sich als die Leidtragenden sieht. Sie trösten sich in der Hoffnung, dass der Münzwucher „wider zu grund und boden gaht." **FB**

Literatur: Welker 2002.

Abb. 34 —— Truhe, Eisen, Süddeutsch, 17. Jahrhundert, HMF.X.2009.3743.

Abb. 35 —— Flugblatt Daniel Manasser, Ein Newe Rätherschafft (...), Augsburg 1621, Bayerische Staatsbibliothek München.

Ein Werk, das ganz Europa in Staunen versetzte: John Law und die Mississippi-Blase

Nach dem Spanischen Erbfolgekrieg (1701–1714) hatte Frankreich enorme Staatsschulden von zwischen zwei und drei Milliarden Livres angehäuft: eine finanzielle Krise, die der schottische Nationalökonom John Law (1671–1729) als Chance sah, seine finanzpolitischen Theorien in die Praxis umsetzen zu können. Law war überzeugt, dass Papiergeld Gold- und Silberwährungen überlegen sei und dass es die Hauptaufgabe von Regierungen sein müsse, den Wohlstand ihres Landes zu mehren. Dies könne durch die Vermehrung der umlaufenden Geldmenge erfolgen, wie er bereits 1705 in seinen „Betrachtungen über das Geld und den Handel einschließlich eines Vorschlages zur Geldbeschaffung für die Nation" ausgeführt hatte.

Nachdem Law 1694 in Schottland aufgrund eines illegalen Duells mit Todesfolge verurteilt wurde, flüchtete er zunächst in die Niederlande und dann nach Venedig. Nach einem Jahrzehnt im Exil kehrte er kurzzeitig nach Schottland zurück, das er erneut fluchtartig verließ, um schließlich in Paris mit Glücksspielen ein Vermögen aufzubauen. In dieser Zeit schloss er Freundschaft mit Philipp von Orléans (1674–1723), der als späterer Regent des noch unmündigen Ludwig XV. (1710–1774) empfänglich für Laws Ideen war. Law versprach ihm eine Minderung der französischen Schuldenlast sowie die Erschließung der französischen Gebiete in Nordamerika. Der Regent ermöglichte Law 1715 zunächst die Gründung einer Privatbank in Paris, der *Banque Générale privée,* die ein Jahr darauf erstmals in Frankreich Papiergeld ausgab und 1718 zur Staatsbank Banque Royale wurde. In einem Brief an den Regenten schrieb Law: „Doch die Bank ist nicht der einzige und größte meiner Einfälle. Ich werde ein Werk hervorbringen, das ganz Europa in Erstaunen versetzt […]." (zitiert nach Gleeson, 2001, S. 127.)

Laws Bank vergab Kredite in Form von Papiergeld, die nicht durch Gold oder Silber, sondern durch Wertpapiere gedeckt wurden. Die französische Wirtschaft blühte auf. Der englische Journalist und *Robinson Crusoe*-Autor Daniel Defoe (1660–1731) berichtete im September 1719 über den Boom: „Man sieht 800 neue Kutschen in Paris, und die reich gewordenen Familien kaufen neues Tafelsilber, neue Möbel, neue Gewänder und eine neue Equipage, sodass hier ein gewaltiger Handel herrscht." (Zitiert nach Gleeson, S. 139.)

Gleichzeitig gründete Law die sogenannte Mississippi Company. Die Unternehmung gab vor, große Gewinne abzuwerfen und warb Gläubigerinnen und Gläubiger an, ihre Staatspapiere gegen Aktien der Kompanie einzutauschen, um so die Staatsschulden abzubauen. Der Aktienkurs der Kompanie schoss in die Höhe und die Spekulationsblase blähte sich auf. Inzwischen waren 3,7 Millionen Livre an Papiergeld herausgegeben und damit die Geldsumme von vor 1718 verdoppelt worden. Der rapide ansteigenden Geldmenge stand jedoch nur eine langsam ansteigende Warenmenge gegenüber. 1720 berief der Regent Law zum obersten Finanzkontrolleur, um ihn mit weiteren Befugnissen gegen die nun um sich greifende Papiergeldinflation auszurüsten. Law halbierte in einer Verzweiflungstat per Gesetz den Wert der ausgegebenen Papiernoten und Aktien. Die Anlegerinnen und Anleger protestierten und forderten den Umtausch ihres Papiergeldes in Münzen, was die Blase endgültig zum Platzen brachte. Die Proteste waren so weitreichend, dass das Gesetz zurückgenommen werden und Law außer Landes flüchten musste.

Das Staunen wich schließlich Entsetzen und Wut, die sich in einer Vielzahl von satirischen Darstellungen

Abb. 36 —— Monument consacré à la posterité, Bernard Picart, 1720, bpk / RMN – Grand Palais / image Beaux-arts de Paris.

Abb. 37 —— John Law, Kupferstich von G.F. Schmidt nach einem Gemälde von H. Rigaud, Paris 1750, HMF.

auf John Law niederschlugen. Der mehr als 70 Seiten umfassende und 1720 in Amsterdam herausgegebene Band *Het Groote Tafereel der Dwaasheid*, fasst nur einen Teil der entstandenen Werke zusammen. Darunter befindet sich auch der komplexe satirische Druck Monument *consacré à la posterité* des französisch-niederländischen Kupferstechers Bernard Picart (1673–1733). Dessen Mischung aus Realität und mystischen Darstellungen lässt sich anhand des darunter stehenden Textes entschlüsseln: wie die Figur einer nackten, an den Füßen beflügelten Fortuna, die über den Massen einen Regen an Wertpapieren, Schlangen und Narrenkappen niedergehen lässt. Ihr schwebt der personifizierte Ruhm Trompete spielend voraus, während der Teufel am oberen Bildrand Seifenblasen pustet. Unter Fortuna lenkt der Wahnsinn in Gestalt einer Frau einen Streitwagen, dem der ehrliche Handel unter die Räder gekommen ist. Die Bild- und Textkomposition lässt keinen Zweifel daran, dass es sich hierbei um eine Warnung vor dem tödlichen Spiel der Spekulation, „dans un jeu si funeste", handelt. Es ist ein deutliches Monument *consacré à la posterité*, ein Denkmal für die Nachwelt. **NA**

Literatur: Gleeson, 2001; Löwe, 2021.

Goethe und das Zettelwesen

Goethe stand der Ausgabe von Papiergeld grundsätzlich skeptisch gegenüber. Als er 1825 seine Arbeit am Stoff des „Faust" fortsetzte, war es für ihn eine sichere Erkenntnis, dass eine übermäßige und grenzenlose Ausgabe von Papiergeld eine Inflation zur Folge hatte. Er hatte die Einführung der Assignaten als Zahlungsmittel in Frankreich ab 1790 und deren Niedergang bis Februar 1797 erlebt. Ebenso erlebte er die Entwertung der österreichischen „Bancozettel" in Folge der napoleonischen Kriege mit allgemeiner Teuerung und später einem Staatsbankrott als Folgen. Bei Goethe erleben wir eine zweifache Auseinandersetzung mit dem „Zettelwesen", einmal im Alltag auf der Reise und einmal in der literarischen Verarbeitung im wesentlich von 1825 bis 1831 erarbeiteten Drama „Faust II". Anfang Juni 1807 unterhielt er sich in Karlsbad mit einem Herrn Bosi aus Padua über volkswirtschaftliche Fragen. Vor Ort gab es nur noch Papiergeld und neues Kupfergeld, das sich darauf bezog. Allein unter Kaiser Franz seien 100 Millionen Kupfermünzen geschlagen worden. Und dennoch hätten die Bauern dieses Kupfer sogar vergraben, weil es immer noch besser und werthaltiger gewesen sei als Geld aus Papier.

Ähnliche Beobachtungen machte auch der Dichter Johann Gottfried Seume im Dezember 1801 auf seinem „Spaziergang nach Syrakus". Sein Gastwirt bei einer Übernachtung in Böhmen berichtete, er hätte seit Jahren keine Goldmünze mehr gesehen. In Wien das gleiche Bild: „Nichts als Papier und schlechtes Geld", „neue blecherne Zwölfkreuzerstücke" aus Kupfer (Seume 2001, S. 25).

Derartige Alltagserlebnisse und die Kenntnisse vom finanzpolitischen Werdegang des „Zettelwesens" führten bei Goethe zur literarischen Verarbeitung des seinerzeitigen Inflationsphänomens im bekannten Drama. Der Begriff „Inflation" war seinerzeit noch unbekannt, man registrierte den Vorgang als „Teuerung".

Im „Faust II" stellt der Kaiser fest, dass die Staatskasse leer und ohne Hoffnung auf weitere Einnahmen ist. Dies ist der günstige Augenblick für Mephisto, der als unterhaltsamer Narr und Ratgeber an der Seite des Kaisers steht. Am Beginn der Geldschöpfung stehen augenscheinlich praktische Dinge. Mephisto erklärt, dass der Geldbesitzer sich das Tragen schwerer Beutel von Münzen erspare und nur noch ein handliches Blättchen bei sich tragen müsse. Dieser Zettel kann, wenn es draufsteht, 1.000 Kronen wert sein. Es reicht hin, dem Kaiser seine Macht bewusst zu machen. Seine Unterschrift unter ein Stück Papier genügt. Da die Menschen den Kaiser akzeptierten, nehmen sie auch sein Papier für Geld an. Als gesichertes Pfand gilt eine Absicherung durch die im Boden verborgenen Schätze im Kaiserland. Ein ähnlicher Gedanke, wie er später der Rentenmark zugrunde lag. Eine weitere Besicherung für das Papiergeld ist das von den Menschen im Boden vergrabene Gold, das ja dem Kaiser gehört. Argumentativ redet Mephisto dem Herrscher ein, dass die Geldscheine zwei grundsolide Quellen der Sicherheit haben. Der Missbrauch des Papiergeldes hallt bei Goethe im resignativen Ausspruch Fausts wider: „In deinem Nichts hoff ich das All zu finden" (Goethe, 1823, S. 75). **FB**

Abb. 38 —— 30 Kreuzer Banco Zettel, Kupfer, Wien 1807, HMF M43741.

Abb. 39 —— 5 Gulden Wiener Stadt Banco-Zettel, Wien 1800, HMF.MP00069.

Abb. 40 —— Tausend deutsche Goethe, Grafik, Mike Kuhlmann, Frankfurt 2020, HMF.MP00451.

Erster Weltkrieg

Seit den 1870ern galt in ganz Europa der sogenannte Goldstandard. Unter dieser Währungsordnung gab es strenge Deckungsvorschriften, und die Zentralbanken verpflichteten sich, Banknoten auf Wunsch zu einem festen Kurs in Gold umzutauschen. Da damit die Geldmenge begrenzt war, wurde der Goldstandard von den beteiligten Staaten mit Ausbruch des Ersten Weltkriegs aufgegeben, um die Kriegsausgaben finanzieren zu können. Der Goldstandard sorgte vor dem Ersten Weltkrieg für eine dauerhafte Währungs- und Wechselkursstabilität. Nostalgische Rückblicke auf diesen temporär erfolgreichen Goldstandard übersehen seine entscheidende Schwäche: Die Inflexibilität der Geldmenge. Diese führte schließlich zur Aufgabe des Goldstandards nach Ausbruch des Ersten Weltkrieges. Im Deutschen Reich wurde die gesetzliche Absicherung der ausgegebenen Banknoten mit Verordnung vom 4. August 1914 aufgehoben. Ähnliches vollzog sich auch in den übrigen kriegführenden Staaten.

Die erste Finanzierungsmöglichkeit für das Reich war der Druck neuer Banknoten, sogenannter Darlehenskassenscheine. Der größte Teil der Kriegskosten wurde in Deutschland und auch in Österreich durch die Auflage von Kriegsanleihen gedeckt. Karl Helfferich (1872–1924) als Architekt der Kriegsanleihen berief die Bevölkerung zur „finanziellen Wehrpflicht": „Meine Herren, es gilt dem Volk klar zu machen, dass dieser Krieg mehr als irgendeiner zuvor nicht nur mit Blut uns Eisen, sondern auch mit Brot und Geld geführt wird. Diesen Krieg gibt es nicht nur eine allgemeine Wehrpflicht sondern auch eine allgemeine Sparpflicht und eine allgemeine Zahlpflicht." (James, 2022.) Lasten der Refinanzierung der Kredite sollten durch die Verlierer des Krieges getragen werden. Ein kleinerer Teil der Kriegskosten wurde durch die Goldsammlung unter der Parole „Gold gab ich für Eisen" gestemmt. Goldsammlungen, aber auch die Sammlungen von anderen Sach- und Lebensmittelspenden wie Metall, Kleidung und Zigaretten, wurden überwiegend von Frauen organisiert. Diesen fielen durch den Kriegsausbruch völlig neue Rollen zu, die von der Sammlungsarbeit über caritative Tätigkeiten bis zur Arbeit in der Rüstungsindustrie reichten. Mit einem „Aufruf an die deutschen Frauen!" durch die Kaiserin Victoria (1858–1921) sollten die Frauen an der Heimatfront mobilisiert werden. Hinzu kam ein umfangreiches propagandistisches Begleitprogramm in Form von Werbefilmen und Plakaten, dass sich an die gesamte Bevölkerung richtete.

All dies konnte der Kriegsmüdigkeit der Deutschen nicht entgegenwirken, denn die unvorhergesehene Dauer des Kriegs führte zu gravierenden Mängelerscheinungen, die sich immer stärker bemerkbar machten. Neben Preiskontrollen dominierten ab 1916 Geldersatzmittel die deutsche Wirtschaft, denn es fehlte zunehmend an Zahlungsmitteln. Alle bei Kriegsbeginn im Umlauf befindlichen Münzen waren aus werthaltigem Material, das eingezogen wurden. Zunächst verschwanden die silbernen Fünf-, Drei-, Zwei-, Eine- und ½-Mark Stücke. 1916 wurden auch Kleinmünzen aus Kupfer und Nickel eingezogen, was zu einem erheblichen Mangel an Kleingeld führte. Das Reich ließ ersatzweise Münzen im Nominal zu einem, fünf und zehn Pfennigen prägen, was den Bedarf nicht deckte. Daher erhielten auch Länder, Kreise, Städte, Firmen und Gemeinden seit Ende 1916 die Befugnis, Notgeld auszugeben. Bis Oktober 1919 ermittelte die Reichsbank 1532 Ausgabestellen mit einem Gesamtbetrag an Notgeld von 67 Millionen Mark. **NA, FB**

Abb. 41 + 42 —— Darlehenskassenschein zu 20 Mark vom 5. August 1914, Deutsches Reich, HMF.M.2020.081.

Notgeld in Frankfurt am Main

Eckehard Gottwald

Bald nach Kriegsausbruch im August 1914 kam es zur Ausgabe von Notgeld. Als Notgeld bezeichnet man Ersatzzahlungsmittel in Form von Münzen und/oder Geldscheinen, die in Krisen- und Kriegszeiten staatliche Zahlungsmittel ganz oder teilweise ersetzen. Ihr Umlauf ist in der Regel lokal oder regional begrenzt und zeitlich beschränkt. (Abb. 43, 46)

Vielgestaltig waren die Aufgaben, die von den Verwaltungen der im Staatsgebiet liegenden Kommunen zu lösen waren. Dazu zählte die ungewöhnliche und zuvor nicht vorstellbare Herausforderung der Versorgung der am Wirtschaftsprozess Teilnehmenden mit Ersatzzahlungsmitteln während und in den Jahren nach dem Ende des Ersten Weltkrieges. Reparationen, Arbeitslosigkeit, Wohnungsnot, Preissteigerung, die Lage im Mainzer Brückenkopf mit all seinen negativen Auswirkungen durch die Grenzkontrollen auf das Wirtschaftsleben und eben auch die Probleme mit der Zahlungsmittelversorgung: Dies waren die Themen, die nicht nur für die Bevölkerung in der Rhein-Main-Region von Interesse waren.

Allen Notgeldausgabestellen der Umgebung, ganz egal ob nun im besetzten Gebiet oder in der neutralen Zone gelegen, war der Verwaltungsaufwand gemein, der betrieben werden musste um die Zahlungsmittelversorgung wenigstens halbwegs aufrecht zu erhalten. Schier endlos waren die gänzlich unerprobten Themenbereiche, die „von jetzt auf gleich" zu bewältigen waren. Hauptärgernis war zweifelsohne die Berichtspflicht an vorgesetzte Behörden, die den in den Kommunalverwaltungen Zuständigen viel Arbeit bescherte. Ein Beispiel: Meist halbjährlich waren „Übersichten über die während des Krieges nach dem [...] als Notgeld ausgegebenen Ersatzwertzeichen" zu erstellen. Zwölf Fragen, die von der Bezeichnung der Kommune bis hin zum Vorkommen von Fälschungen reichten, waren zu beantworten. Dies wäre vermeidbar gewesen, hätte die Reichsbank für ausreichend Kleingeld, ausgeprägt in unedlen Metallen, wie Eisen und Zink gesorgt. Die Folgen waren drastisch. Die Bevölkerung hamsterte Kleingeld – es verschwand vielfach „im Strumpf" und verschärfte den Mangel. Nur mühsam vermochte die Reichsbank ansatzweise dem Kleingeldmangel abzuhelfen. Die Kommunen griffen zur Selbsthilfe, stets gegängelt durch allerlei Bedingungen, die sie zu erfüllen hatten, geradezu einer „Paragraphenreiterei" in feinster Ausprägung. So wird z. B. bemerkt: „Durch die Forderung, ein gesperrtes Guthaben bei der Reichsbank für die Ausgabe von Notgeld zu halten, soll nicht nur eine Sicherheit für die spätere Einlösung erstrebt, sondern auch verhütet werden, daß die das Notgeld ausgebende Stelle durch zinslose Geldmittel Gewinne erzielt." Praktisch immer im „verbotenen Raum" agierend (Ausnahme: die durch die Reichsbank erwünschte Ausgabe des sogenannten Großgeldes 1918, bei dem diese die Hälfte der Herstellungskosten und ebenso den durch etwaige Fälschungen entstandenen Schaden in gleicher Weise zu tragen bereit war), sorgten die Kommunen für einen gewissen Ausgleich der unzureichend vorhandenen staatlichen Zahlungsmittel und informierten die Bevölkerung per Presse und Aushang an Informationstafeln. Auf dem „kleinen Dienstweg" wurde die gegenseitige Akzeptanz des Notgeldes zwischen den Kommunen geregelt, was vielfach auch den gegenseitigen finanziellen Ausgleich beim Vorliegen von Fälschungen einschloss. (Abb. 44 und 45)

Überaus störend für die Kommunalverwaltungen war der Komplex „Abgabe von Notgeld an Sammler". Mehrfach wurden die nachgeordneten Dienststellen

Abb. 43 —— Gutschein der Stadt Höchst am Main über 25 Pfennig, 1. Juni 1917, HMF.MP00085.

angewiesen, derartige Anfragen abschlägig zu bescheiden bzw. zur Vermeidung unnötigen Schriftverkehrs erst gar nicht zu beantworten, denn die Ersatzzahlungsmittel seien „zur Erleichterung des Zahlungsverkehrs geduldet" und „es liegt nicht im öffentlichen Interesse, daß das wegen des Mangels an kleinen Zahlungsmitteln ausgegebene Notgeld, diesem zu Sammelzwecken entzogen wird." Diese richtige Verfahrensweise wurde jedoch von den gleichen Behörden durchbrochen. Schon bei der Anforderung für die Sammlung der Reichsbank, spätestens bei der Versorgung von Sammlungen, die in irgendeiner Weise einer zuständigen Behörde zugeordnet waren, wurde die Verfahrensweise unglaubwürdig. Die Notgeldausgabestellen zogen daraus unterschiedliche Schlüsse. Frankfurt am Main gab Notgeld an Sammler ab und bat den stellvertretenden Frankfurter Polizeipräsidenten auf dessen Anfrage hin zur „Ausstellung einer Legitimationskarte für A. Rosenblatt zum Handel mit Städtenotgeld" dieses auf dem Verwaltungswege zu unterbinden, um schließlich selbst – Magistratsbeschluss Nr. 2 843 vom 12. März 1921 – grundsätzlich mit der Herstellung von Notgeld zu Sammelzwecken einverstanden zu sein.

Erste Bekanntschaft mit Ersatzzahlungsmitteln machte die Frankfurter Bevölkerung im Kriegsjahr 1917. Die Stadt reihte sich damit ein in den Reigen der Kommunen, Institutionen und Unternehmen, die in den Folgejahren Notgeld herausgeben würden. Beeindruckend ist schon allein die bunte Vielfalt der städtischen Notgeldscheinausgaben, ohne dabei die beiden Frankfurter Notmünzenausgaben zu vergessen. Sie sind Spiegel des sich in Wellen vollziehenden Verfalls der Mark. Nur selten lässt sich aus den einschlägigen Akten ein Magistratsbeschluß zur Notgeldausgabe einem Datum auf einer Notgeldausgabe zuordnen. Für andere Notgeldausgaben gilt: Das Datum gibt nur den

Abb. 44 + 45 —— Gutschein der Stadt Frankfurt am Main über 20 Mark, 15. Oktober 1918, HMF.MP00074.

Abb. 46 —— Gutschein der Stadt Frankfurt über 50 Pfennig, 1. Mai 1917, HMF.MP00073.

Abb. 47 —— Gutschein der Stadt Frankfurt über 100 Mark, 1. September 1922, HMF.MP00080.

Abb. 48 + 49 —— Notgeldschein der Handelskammer Frankfurt-Hanau über 2,10 Mark Gold, 30. Oktober 1923, HMF.MP00105.

Abb. 50 —— Gutschein der Stadt Frankfurt über eine Billion Mark, 6. November 1923, HMF.MP00026.

ungefähren Zeitraum der Notgeldausgabe an. Die von Anfang August bis Mitte November 1923 herausgegebenen (Frankfurter) Notgeldscheine in den Nominalen von 500.000 bis hin zu 1 Billion Mark waren das sichtbare Zeichen dieses katastrophalen Währungsverfalls. (Abb. 47; 50)

Komplex und interessant war der Übergang vom städtischen Notgeld über sogenanntes wertbeständiges Notgeld hin zu Rentenmark und Reichsmark. Auf der einen Seite standen die Reichs- und Staatsbehörden sowie Reichsbank und Reichswehr, auf der anderen die Stadtverwaltung in Frankfurt am Main sowie die Handelskammer Frankfurt a. M. – Hanau. Fest in der Region verankert übernahm sie die Rolle des Notgeldemittenten für Stadt und Industrie – eine klassische Scharnierfunktion. Stelle für beide Ausgaben des wertbeständigen Handelskammernotgeldes war die Reichsbankhauptstelle Frankfurt am Main. Auf die wertbeständigen Ausgaben der städtischen Elektrizitätswerke und der Frankfurter Gasgesellschaft sei ebenfalls hingewiesen.

Am 29. Oktober 1923 nachmittags einigten sich nach langen Verhandlungen Vertreter der Arbeitgeber und Arbeitnehmer darauf, schon den Lohn für die laufende Woche zu 25 Prozent in wertbeständigen Zahlungsmitteln auszuzahlen. Auf diese Situation war man jedoch von der Seite des Reiches denkbar schlecht vorbereitet. Zwar hatte die Reichsregierung am 23. Oktober 1923 beschlossen, „allen industriellen Werken" die Genehmigung zur Ausgabe wertbeständiger Zahlungsmittel zu erteilen, wenn diese eine geeignete Sicherheit bieten konnten, aber bis dieser Erlass in die Tat umgesetzt werden konnte verging wertvolle Zeit. Wertbeständige Zahlungsmittel standen jedenfalls in Frankfurt am Main nicht zur Verfügung. Endlich, am 26. Oktober 1923, wurde durch eine Verordnung der Reichsregierung zur Änderung des „Gesetzes über die Ausgabe und Einlösung von Notgeld vom 17. Juli 1922" das „Notgeldgesetz" den neuen Gegebenheiten angepasst. Unter dem Eindruck von Streiks und Demonstrationen (z. B. am 24. Oktober 1923) bestand in Frankfurt am Main die große Gefahr eines unkoordinierten Vorgehens der „industriellen Werke". Der Frankfurter Magistrat bat daher am 26. Oktober 1923 den Stadtrat (Stadtkämmerer) Prof. Dr. Bleicher, den Reichsminister der Finanzen zu ersuchen, den „industriellen Werken" erst dann die Genehmigung zur Ausgabe wertbeständiger Notgeldscheine zu erteilen, wenn Einigung über ein gemeinsames Vorgehen zwischen der Stadt Frankfurt am Main und der Industrie erzielt wurde. Die Bemühungen müssen von Erfolg gekrönt gewesen sein, denn nur die Schuhfabrik Golo, Mainzer Landstraße 225-227, und die Metallbank der Metallgesellschaft gaben als einzige Unternehmen im Stadtkreis Frankfurt am Main wertbeständiges Notgeld aus. Folgt man einem Bericht in der „Frankfurter Zeitung" (Stadtblatt) vom 1. November 1923, so ist die erste Ausgabe des Handelskammernotgeldes ab 1. November 1923 in den Verkehr gebracht worden. Alle Anzeichen deuten darauf hin, dass nur kleinste Teile der Gesamtausgabe zu Beginn der Einschleusung in den Markt zur Verfügung standen. Schnell zeigte sich, dass diese erste Ausgabe von Handelskammernotgeld keineswegs den Bedarf abdecken konnte. Es folgte eine zweite Ausgabe. Für die folgende Woche (ab Montag, 26. Oktober 1923) wurde eine wesentlich bessere Versorgung mit Handelskammernotgeld erwartet. Tatsächlich erhielten zahlreiche Frankfurter Firmen dann jedoch nur 10 Prozent der gezeichneten Beträge. (Abb. 48 und 49)

Die Annahme des städtischen, nicht nur des Handelskammernotgeldes war immer ein Problem gewesen, über das auch der „Ansturm auf das Handelskammernotgeld" im November/Dezember 1923 nicht hinwegtäuschen konnte. Gesetzliches Zahlungsmittel war nach wie vor die Mark geblieben. Endlich, am Montag, 11. Februar 1924, wurde das Handelskammernotgeld zum kostenlosen Umtausch in 6-prozentige Schatzanweisungen des Deutschen Reiches aufgerufen. Es behielt noch bis zum März 1924 seine Gültigkeit als Zahlungsmittel. Das städtische Notgeld „war in einer Menge von 5 Trillionen, 211 ½ Billiarden verbreitet gewesen!" (Drüner, S. 461).

Literatur: Gottwald, 1981.

Abb. 51 —— „Mitbürger! Zeichnet die Kriegsanleihe", Plakat von Grossmann, Frankfurt 1917, HMF.C45830.

Abb. 52 —— „Es gilt die 8. Deutsche Kriegsanleihe", Plakat von Otto Ubbelohde, Frankfurt 1918, HMF.C45842.

Der feinde Ring ist zersprengt. Rußlands Riesenkraft ist deutschem Schwerte endgültig erlegen. Wir sind rückenfrei! Des Titanenkampfes Schlußakt zieht herauf. Voll gläubiger Zuversicht blicken wir auf seinen Ausgang. Noch ein tiefes Aufatmen, ein letztes Straffen der Muskeln, ein äußerstes Wollen – und des blutigen Weges letzte Spur liegt hinter uns. Der freie Gipfel ist gewonnen. Über uns lacht des Sieges und des friedens goldene Sonne. Aber eins tut uns jetzt not! Schließt die Glieder zu vereinter Kette! Denkt an des Vaterlandes und Eurer Kinder Zukunft! Vom Schweren kann nur Schweres lösen! Die letzte Mark, der letzte Groschen heraus! Es gilt

die 8. Deutsche Kriegsanleihe!

Zeichnungen nimmt entgegen
Bankhaus Baruch Strauss
Marburg a. L. — gegr. 1866. — frankfurt a. M.
Tel.-Nr. 29·136. — Tel. Hansa 1371·1372·1373.

Originalzeichnung von Prof. Otto Ubbelohde für das Bankhaus Baruch Strauss, Marburg u. frankfurt a. M. Nachdruck verboten.

Abb. 53 — „Das Gold dem Vaterland", Plakat von Lucian Bernhard, 1916, HMF.C45827.

Abb. 54 — „An Frankfurts Frauen", Plakat von Lina von Schauroth, Frankfurt 1914, HMF.C45835.

✠ **GEBT GOLD FÜR EISEN** ✠

An Frankfurts Frauen!

In anderen Städten Deutschlands haben sich bereits Sammelstellen gebildet, um jeder Klasse der Bürgerschaft Gelegenheit zu geben, zum Wohl des Vaterlandes freudig ihr Scherflein beizutragen.

Laßt uns diesem guten Beispiele folgen! Unsere Männer, Söhne, Brüder stehen einer Welt von Feinden gegenüber! Gilt es doch einen Kampf auszufechten, der uns für alle Zeiten Ruhe vor neidischen Nachbarn schaffen soll.

In glänzender Ordnung und mit allem Nötigen versorgt, ist unser Heer ausgerückt. Die Verwundeten erwartet in allen Städten aufmerksame Pflege. Die Not der Zurückbleibenden aber erfordert neben der im Vergleich zu früheren Zeiten bereits weitreichenden staatlichen Unterstützungen noch dringend der privaten Hilfe, wenn nicht zahlreiche Existenzen zugrunde gehen sollen. Für diese zu wirken, soll unsere Aufgabe sein.

Sucht in Euren Kasten, dann findet Ihr entbehrliche Ketten, Ringe, Spangen, Dosen usw. Dieses Gold fordern wir Euch auf zu bringen, um damit zur Linderung der Not beizutragen. Tauscht dieses entbehrliche Gold gegen ein an den Ernst unserer Zeit erinnerndes Schmuckstück aus Eisen mit der geweihten Inschrift:

GOLD GAB ICH FÜR EISEN!

Euren Nachkommen wird dies stets ein Zeichen Eures Opfermutes bleiben.

DAS KOMITEE:

Ihre Exzellenz Frau **Katharina von Schenck**, Frau **Hermann von Mumm**, Frau **Hermann von Passavant**, Frau **Lina von Schauroth**,

sowie die Damen:

Frau **Carl Armbrüster**, Freifrau **Maximiliane von Bethmann**, Freifrau **Moritz von Bissing**, Frau **Marie von Brüning**, Frau **Katharina Brendel**, Frau **Ed. Bleicher**, Eckenheim, Frau **Walter J. A. Carl**, Frau **Carl von der Emden**, Frau **Katharina Funck**, Frau **Max von Grunelius**, Frau **Adolf Gans**, Frau **Olga Gumpf**, Frau **Emil Goll**, Frau **Anton Göbel**, Frau **Paul Haag**, Frau **Otto Höchberg**, Frau **Heerdt-Küchler**, Frau Consul **Paul H. Löwenthal**, Frau **Margarete Ludwig**, Frau **Luise Müller**, Frau **Moritz von Metzler**, Frau **Carl Maul**, Frau **Michael Mainz**, Frau **Max Müller**, Frau **Marie Oswalt-Hergenhahn**, Frau **Peter Oeffner**, Frau **Alfred Odenweller**, Frau **Richard von Passavant-Gontard**, Frau **Dorothea Pflüger-Glauth**, Frau **Maximiliane vom Rath**, Frau **Heinr. Ph. Rumbler**, Frau **Margarete Schmidt**, Frau **Paula Steglehner**, Frau Consul **Marie Siebert**, Frau **Otto Sokolowsky**, Frau **Andreas Stöckel**, Frau **Ph. Vöglin**, Frau **Carl von Weinberg**, Frau **Paul Wanderey**.

Als Beihilfe die Herren:

Geh. Kommerzienrat **Jean Andreae**, **Edgar Andreae**, Pfarrer **Förster**, Dr. theol. **Louis Koch**, **Moritz von Metzler**, **Paul Müller-Stern**, **August Pfeffel**, Dr. **Polligkeit**, Stadtrat Dr. **F. Rössler**, Generalconsul **Carl v. Weinberg**.

Folgende Juweliere haben sich bereit erklärt, die Spenden gegen Quittung in Empfang zu nehmen:

E. Berckenbrinck, Neue Mainzerstr. 74, **O. Bräutigam**, Liebfrauenstr. 3, **D. J. Geyer**, Haseng. 4, **Hessenberg & Co.**, Kaiserstr. 13, **F. Horovitz**, Schillerstr. 7, **Kliemann**, Homburg, Luisenstr., **R. Koch**, Kaiserstr. 25, **S. & D. Loewenthal**, Steinweg 4, **Ohlenschlager & Riemann**, Roßmarkt 12, **L. Posen Wwe.**, Steinweg 12, **A. Regel**, Goethestr. 1, **H. Schäfer**, Brückenstr. 25, **F. Schlesicky**, Schillerstr. 5, **J. C. Schlund**, Bleidenstr. 28, **S. Schwarzschild**, Zell 48, **C. Theobald**, Steinweg 10.

ZUM WOHLE DER FAMILIEN U. DES GEWERBES.
ANNAHMESTELLE HIER

Abb. 55 —— „Gold gab ich für Eisen", Ringe, Anstecker und Brosche aus Eisen, 1914, HMF.X.2009.2944a-e.

Abb. 56 —— Nationale Kriegspfanne aus Eisen: „Gab Kupfer für das Eisen hin / der deutschen Hausfrau Opfersinn / Im Weltkrieg 1916", HMF.X.2019.010.

Abb. 57 —— Gutschein zu 5 Mark, Stadt Frankfurt, 15. November 1918, Vorder- und Rückseite, HMF.MP00079.

Der Goldstandard

Der Goldstandard ist ein Geldsystem, in dem der Wert einer Geldeinheit durch eine bestimmte Menge Gold definiert wird. Im Deutschen Kaiserreich (1871–1918) entsprach beispielsweise eine Mark 0,35842 Gramm Gold. Im 19. Jahrhundert war Großbritannien das erste Land, das den Goldstandard einführte. Deutschland folgte 1871. Danach übernahmen alle wichtigen Industrieländer dieses System. Sie prägten Goldmünzen in ihrer Währung. Für die Geldscheine der Länder des Goldstandards bestand in der Regel eine Eintauschmöglichkeit in Gold. Dafür mussten die Zentralbanken eine entsprechende Goldmenge als Reserve vorhalten. Über die feste Bindung der verschiedenen Währungen an Gold ergab sich ein System fester Wechselkurse. Dies erleichterte den internationalen Handel. So entsprachen 20 deutsche Mark in Frankreich, Belgien, Schweiz, Italien, Spanien und Tunis 25 Francs (Lire; Peseten), in Großbritannien einem Pfund, in Indien 15 Rupien und in Russland sechs Rubel. Mit Ausbruch des Ersten Weltkriegs 1914 setzten die kriegführenden Länder den Goldstandard aus.

Nostalgische Rückblicke auf den zum Ende des 19. und Anfang des 20. Jahrhunderts bestehenden Goldstandard übersehen seine entscheidende Schwäche. Dem Vorteil stabiler Wechselkurse und freien Kapitalverkehrs steht die Unmöglichkeit einer unabhängigen nationalen Geldpolitik gegenüber. Schon nach der Aufgabe des Goldstandards 1914 reifte die Erkenntnis, dass „eine gut funktionierende Geldverfassung ohne Edelmetall wenigstens möglich ist, diese früher für unglaublich gehaltene Wahrheit sieht heute wohl jedermann ein." (Bendixen 1917, S. 7.) Einen Schritt weiter ging 1924 der britische Ökonom John Maynard Keynes. Er bezeichnete den Goldstandard als barbarisches Relikt („In truth, the gold standard is already a barbarous relic", The New York Times 30. März 1924).

Die Versuche, ihn nach Kriegsende dauerhaft wiedereinzuführen, scheiterten. In den Jahren um 1925 kehrten die meisten Länder zum Goldstandard zurück, mussten ihn aber wenige Jahre später angesichts der Weltwirtschaftskrise wieder aufgeben. Im Juli 1944 führten 44 Staaten das Bretton-Woods-System ein, in dessen Zentrum der US-Dollar stand und zu dem alle anderen Währungen ein fixes Wechselkursverhältnis hatten. Zugleich gab es ein festes Tauschverhältnis von Gold zum US-Dollar. Das Bretton-Woods-System förderte von 1944 bis 1971 die Stabilisierung der Weltwirtschaft. Auf Grund zunehmender wirtschaftlicher Ungleichgewichte zwischen den Ländern konnten die festen Wechselkurse dann aber nicht mehr gehalten werden. 1973 brach das System zusammen. **FB**

Abb. 58 —— Reichsbanknote zu 20 Mark vom 19. Februar 1914, HMF.MP00439.

Abb. 59 —— 10 Mark, Gold, Deutsches Reich 1911, HMF.MDeg 65.5.

Abb. 60 —— 20 Mark, Gold, Deutsches Reich 1913, HMF.MDeg 67.4.

Abb. 61 —— 20 Francs, Gold, Frankreich 1907, HMF. MDeg 179.41.

Abb. 62 —— 20 Francs, Gold, Belgien 1875, HMF. MDeg 179.48.

Abb. 63 —— 1 Pfund, Gold, Großbritannien 1906, HMF.MDeg 179.69.

Abb. 64 —— 10 Rubel, Gold, Russland 1903, Gold, HMF.MDeg 179.77.

Abb. 65 —— 10 Kronen, Gold, Österreich-Ungarn 1904, HMF.MDeg 179.18.

„Helft den Hütern Eures Glückes"
Kriegsfinanzierung durch Kriegsanleihen ——

Die Finanzierung des Krieges war für die deutsche Kriegsführung eine der größten Herausforderungen. Wie auch Österreich setzte das Deutsche Reich hierfür nicht auf Steuererhöhungen, sondern auf Kriegsanleihen. Kriegsanleihen sind verzinsliche Wertpapiere, mit denen der Staat sich Geld bei seinen Bürgerinnen und Bürgern leiht. Mit der Auflage von insgesamt neun Kriegsanleihen im Zeitraum von September 1914 bis März 1918 wurden rund 98 Milliarden Reichsmark eingenommen, womit ca. 60 Prozent der Kriegskosten gedeckt waren. Gleichzeitig stieg die Verschuldung des Reiches bis Ende 1918 auf 150 Milliarden Reichsmark an und war dreißig Mal höher als zu Kriegsbeginn. Schulden, die nach Kriegsende durch die Kriegsgegner und erhofften Verlierer getilgt werden sollten, wie der konservative DVP-Abgeordnete, Geldtheoretiker und Staatssekretär im Reichsschatzamt Karl Helfferich (1872 – 1924) bereits 1915 im Reichstag proklamierte: „Das Bleigewicht der Milliarden haben die Anstifter dieses Krieges verdient, sie mögen es durch die Jahrzehnte schleppen, nicht wir." Davon, dass die Tilgung des Kredits vom Kriegserfolg abhing und es sich beim Zeichnen der Kriegsanleihen eher um Glücksspiel als um eine sichere Anlage handelte, lenkte die relativ attraktive Verzinsung ab: Eine Anleihe von 1.000 Mark wurde für 980 Mark ausgegeben, war zu 5 Prozent verzinst und bis zum 1. Oktober 1924 unkündbar.

Darüber hinaus wurden die Kriegsanleihen mit großem Aufwand beworben. Plakate, Aufrufe und Werbefilme appellierten an den Patriotismus der Anlegerinnen und Anleger. Viele der Werbemaßnahmen richteten sich explizit an Frauen und Kinder, wie das von Walter Georgi (1871 – 1924) im Jahr 1918 gestaltete Plakat mit dem Aufruf „Helft den Hütern Eures Glückes". Denn den an der „Heimatfront" zurückgebliebenen Frauen oblag nun die finanzielle Verantwortung:

„Eine Hausfrau sollte sich auch Einblick verschaffen in die finanzielle Lage, die der Krieg mit sich bringt. In vielen Fällen wird z.B. an der Stelle des abwesenden Mannes die Frau die Kriegsanleihen zeichnen müssen; da ist es dann wünschenswert, daß sie weiß, was sie tut und nicht auf der Bildungsstufe des Dienstmädchens stehen bleibt, von der wir hörten, daß sie ihre 100 Mark Ersparnisse in Kriegsanleihen anlegte und sich dann mit dem Bewusstsein füllte: ‚Ich habe dem Kaiser Geld geliehen.'", schrieb die Frauenrechtlerin und Schriftstellerin Agnes von Zahn-Harnack (1884 – 1950) 1915. Am Datum der Rückzahlung waren die Kriegsanleihen durch den hyperinflationären Wertverlust der Mark wertlos geworden und für die Anlegerinnen und Anleger war das dem Staat geliehene Geld vollständig verloren.

Kriegsanleihen sind kein veraltetes Instrument zur Kriegsfinanzierung. Am 1. März 2022 hatte die Ukraine eine erste Serie von Kriegsanleihen am Kapitalmarkt herausgegeben und soll damit 8,1 Milliarden Hrywnja (277 Millionen Dollar) für die Kriegsanstrengungen gesammelt haben, wie das ukrainische Finanzministerium auf Twitter teilte. **NA**

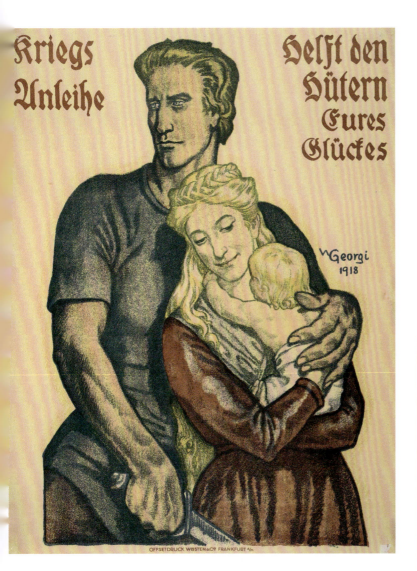

Abb. 66 —— „Helft den Hütern Eures Glückes", Plakat von Walter Georgi, 1918, HMF.C46073.

Abb. 67 —— Kriegsanleihe über 1000 Mark mit Zinscoupons, Berlin März 1925, HMF.M.2021.014.

„Gold gab ich zur Wehr – Eisen nahm ich zur Ehr"

Im März 1813 gründete Prinzessin Marianne von Preußen (1785–1846), die Schwägerin des preußischen Königs Friedrich Wilhelm III. (1770–1840), den „Vaterländischen Frauenverein" zur Unterstützung der Befreiungskriege gegen Napoleon. Mit dem „Aufruf der königlichen Prinzessin an die Frauen im preußischen Staate" bat sie die Frauen Preußens, die Kriegsanstrengungen durch das Spenden ihres Goldschmucks zu unterstützen. Als Dank erhielten die Spenderinnen Broschen, Medaillen oder Ringe aus Eisen mit der Inschrift „Gold gab ich für Eisen". Der Spendenaufruf wurde im Ersten Weltkrieg wiederholt.

„Geld ist die erste Bedingung zum Kriegführen. Derjenige kann am längsten ihn führen, der das meiste Geld hat. In diesem großen Weltkriege hat das England. Damit wir aber doch von den Engländern nicht auf die Knie gezwungen werden, müssen wir zusehn unseren Goldbestand möglichst in die Höhe zu bringen. Im Anfang des Krieges geschah dieses dadurch, daß alles Goldgeld eingezogen wurde. Sodaß man jetzt in ganz Deutschland kein Gold mehr findet. Dieses Gold hat man aber schon ziemlich wieder verbraucht. Deshalb mußte man eine neue Goldquelle suchen. Es ergingen nun in den Zeitungen jeden Tag Aufrufe, Gold auf die Reichbank zu tragen", beschreibt der der Kasseler Oberschüler Klaus Wiedemann die Goldsammlungen während der Zeit des Ersten Weltkrieges. Der Goldbestand konnte von Kriegsbeginn bis Ende 1914 um etwa 512 Milliarden Mark gesteigert werden. Bis Ende 1915 wurde er noch einmal um 343 Milliarden Mark durch die Abgabe von Gold im Tausch gegen Papiergeld und zum kleineren Teil auch durch den Kauf von Kriegsanleihen gegen Gold erhöht. Danach gab es trotz der Werbemaßnahmen keinen erheblichen Goldzufluss mehr.

Auch im Ersten Weltkrieg erhielten die spendenden Bürgerinnen und Bürger Eisen zum Dank: Eisernen Schmuck wie Ringe, Broschen oder Uhrenketten im Tausch für Goldschmuck oder eine Medaille aus geschwärztem Eisen zum Papiergeld im Wert des abgegebenen Goldes. Die Medaille war vom Bildhauer Hermann Kurt Hosaeus (1875–1958) entworfen und in großer Auflage hergestellt worden. Auf der Vorderseite zeigt die Medaille unter der Umschrift IN EISERNER ZEIT eine nach rechts geneigte, kniende Frau, die in ihrer rechten Hand ein Schmuckkästchen und in ihrer ausgestreckten linken Hand eine Kette mit Anhänger hält. Im Abschnitt steht die Jahreszahl. Auf der Rückseite steht die Inschrift GOLD GAB ICH ZUR WEHR – EISEN NAHM ICH ZU EHR. Das Bildmotiv lässt vermuten, dass sich der Aufruf zur Goldspende vor allem an Frauen richtete. Im Gegensatz zu den Goldsammlungen der napoleonischen Befreiungskriege wurde im Ersten Weltkrieg jedoch auch explizit an Vereine, Kirchengemeinden und staatliche Stellen und nicht nur an Frauen appelliert. Dennoch war die Sammlungstätigkeit eine Möglichkeit für Frauen, an der „Heimatfront" zu dienen.

Die Trägerinnen und Träger des Eisens konnten ihren Patriotismus und ihre Vaterlandstreue zur Schau stellen. Wer noch Goldschmuck trug, galt als unpatriotisch. Trotz der Freiwilligkeit der Spenden ging damit ein enormer sozialer Druck einher. So wurden während des Krieges rund eine Million goldener Eheringe gegen eiserne eingetauscht. **NA**

Abb. 68 —— Eisenmedaille, Hermann Hosaeus, Berlin 1916, HMF.M.2020.054.

—— Wellen der Inflation 1919–1922

Mit den Kriegskosten und ihrer Finanzierung über die öffentliche Verschuldung verlor die Mark bis zum 29. Januar 1919 50 Prozent ihres Wertes und stand auf 8,40 Mark zum Dollar. Nachfolgend zeigte die Geldentwertung einen unregelmäßigen Verlauf in vier Inflationsschüben mit Zwischenphasen relativer Stabilität. Ende Juli 1919 stand der Dollar auf 17,10 Mark. Nach diesem schon erheblichen Wertverlust der Mark folgte die erste Welle der Inflation. Da der Binnenwert des Geldes langsamer als der Außenwert sank, war die Inflation trotz erheblicher Preissteigerungen erst langsam spürbar. Ende des Jahres 1919 war allerdings der Kurs von 50 Mark zum Dollar und am 9. Februar 1920 der Wert von 103,75 Mark erreicht. Damit hatte die Goldmark etwa 96 Prozent ihres Außenwertes verloren, womit die Vorkriegs- und Kriegsvermögen faktisch vernichtet waren.

In der Zeit von März 1920 bis Sommer 1921 lag der Kurs der Mark auf einem für die exportierende Wirtschaft und Industrie günstigen Niveau. Ursachen für die zweite Inflationswelle waren die Annahme des Londoner Ultimatums und der 132 Milliarden Goldmark Reparationen, zu zahlen in Dollar, Franc und Pfund und sowie 26 Prozent des Wertes der Exporte. Als Reichskanzler Joseph Wirth den Forderungen notgedrungen zustimmte, wurden die Politikerinnen und Politiker der Regierungsparteien von den Rechten der „Erfüllungspolitik" bezichtigt. Aus Widerstand gegen diese Verpflichtungen war nach Ansicht führender Kreise die Geldentwertung eine politische Notwendigkeit. Die prekäre deutsche Finanzlage sollte eine „Revision des Versailler Diktats" herbeiführen. Sicher ist, dass die Reparationen eine zwar auch ökonomische, mehr aber eine politische Belastung für die junge deutsche Demokratie waren. Erschwerend hinzu kamen die Abstimmung in Oberschlesien mit Verlust wichtiger Industrie- und Kohleanlagen und die Ermordung des ehemaligen Reichsfinanzministers Matthias Erzberger durch die rechte „Organisation Consul". Der Dollarkurs verdreifachte sich bis zum 8. November 1921 auf 310 Mark.

Die Kehrseite der Medaille: Die meisten europäischen Länder erlebten eine wirtschaftliche Nachkriegskrise. Im Deutschen Reich gab es einen Aufschwung dank der Zunahme der deutschen Exporte. Zudem herrschte Vollbeschäftigung. Die Arbeitslosenquote von Juni 1922 betrug sensationelle 1,6 Prozent. Ausländisches Kapital floss in großen Mengen nach Deutschland, denn Investorinnen und Investoren vertrauten auf eine Erstarkung der deutschen Währung. „Jeder in Europa und Amerika kaufte Markscheine. [...] Deutschland sei ein großes und starkes Land; eines Tages werde es sich erholen; wenn das geschieht, werde sich auch die Mark erholen, was einen riesigen Gewinn einbringen werde," schrieb der britische Ökonom John Maynard Keynes (Keynes, 1922). In dieser Phase der wirtschaftlichen Erholung erschossen am 24. Juni 1922 Mitglieder der „Organisation Consul" Reichsaußenminister Walther Rathenau, nur ein Jahr nach der Ermordung Erzbergers. Damit ging das von Keynes beschworene Vertrauen in die deutsche Währung endgültig verloren. Der Dollarkurs stieg von 320 Mark auf 7300 Mark zum Jahresende. Die Umstände dieser Geldentwertung waren von ständiger politischer Gewalt geprägt. In Frankfurt und anderen Städten kam es zu Krawallen und Plünderungen und zwischen 1918 und 1922 wurden 376 politisch motivierte Morde begangen, von denen 354 dem rechten Milieu zuzuordnen sind. Die Frankfurter Wochenschrift Die Fackel kommentiert das Geschehen am 1. Juli 1922: „Die Straftaten steigen mit dem Dollarwerte, d. h. sie wachsen mit den Papiermarks." **NA, FB**

Abb. 69 —— Die Propagandistisch-satirische Medaille auf die „Besetzung des Maingaues" von Karl Goetz, zeigt auf der Vorderseite einen auf dem Römer sitzenden Franzosen, München 1920, HMF.MJF3440.

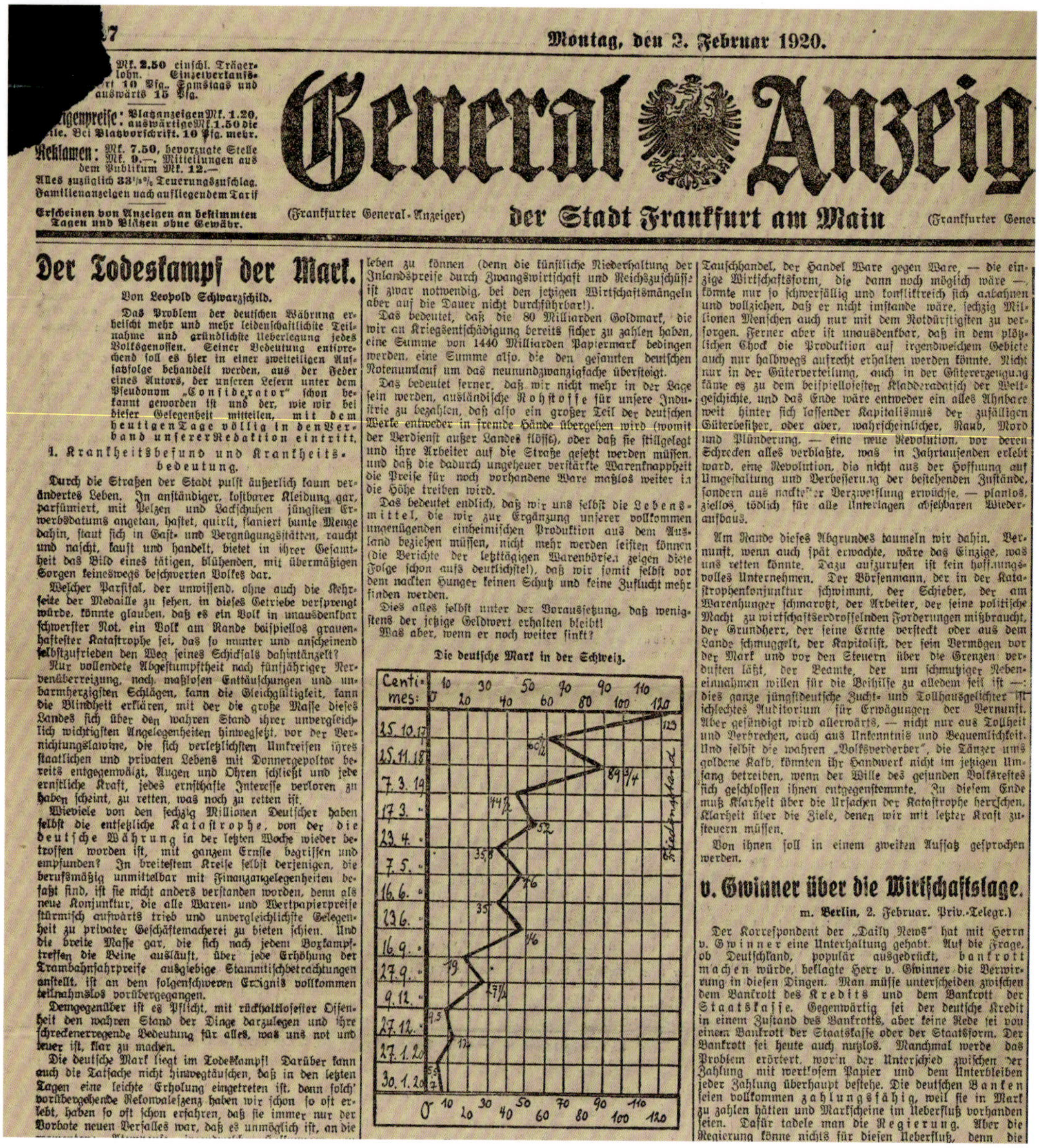

Montag, den 2. Februar 1920.

Mk. 2.50 einschl. Trägerlohn. Einzelverkaufs-…rt 10 Pfg. Samstags und auswärts 15 Pfg.

…zeigenpreise: Platzanzeigen Mk. 1.20, auswärtige Mk. 1.50 die …eile. Bei Platzvorschrift. 10 Pfg. mehr.

Reklamen: Mk. 7.50, bevorzugte Stelle Mk. 9.—. Mitteilungen aus dem Publikum Mk. 12.—

Alles zuzüglich 33⅓% Teuerungszuschlag. Familienanzeigen nach aufliegendem Tarif

Erscheinen von Anzeigen an bestimmten Tagen und Plätzen ohne Gewähr.

General-Anzeig[er]

(Frankfurter General-Anzeiger) der Stadt Frankfurt am Main (Frankfurter Gener…

Der Todeskampf der Mark.

Von Leopold Schwarzschild.

Das Problem der deutschen Währung erheischt mehr und mehr leidenschaftlichste Teilnahme und gründlichste Ueberlegung jedes Volksgenossen. Seiner Bedeutung entsprechend soll es hier in einer zweiteiligen Aufsatzfolge behandelt werden, aus der Feder eines Autors, der unseren Lesern unter dem Pseudonym „Considerator" schon bekannt geworden ist und der, wie wir bei dieser Gelegenheit mitteilen, mit dem heutigen Tage völlig in den Verband unserer Redaktion eintritt.

1. Krankheitsbefund und Krankheitsbedeutung.

Durch die Straßen der Stadt pulst äußerlich kaum verändertes Leben. In anständiger, kostbarer Kleidung gar, parfümiert, mit Pelzen und Lackschuhen jüngsten Erwerbsdatums angetan, hastet, quirlt, flaniert bunte Menge dahin, staut sich in Gast- und Vergnügungsstätten, raucht und nascht, kauft und handelt, bietet in ihrer Gesamtheit das Bild eines tätigen, blühenden, mit übermäßigen Sorgen keineswegs beschwerten Volkes dar.

Welcher Parsifal, der unwissend, ohne auch die Kehrseite der Medaille zu sehen, in dieses Getriebe versprengt würde, könnte glauben, daß es ein Volk in unausdenkbar schwerster Not, ein Volk am Rande beispiellos grauenhaftester Katastrophe sei, das so munter und anscheinend selbstzufrieden den Weg seines Schicksals dahintänzelt?

Nur vollendete Abgestumpftheit nach fünfjähriger Nervenüberreizung, nach maßlosen Enttäuschungen und unbarmherzigsten Schlägen, kann die Gleichgültigkeit, kann die Blindheit erklären, mit der die große Masse dieses Landes sich über den wahren Stand ihrer unvergleichlich wichtigsten Angelegenheiten hinwegsetzt, vor der Vernichtungslawine, die sich verletzlichsten Umkreisen ihres staatlichen und privaten Lebens mit Donnergepolter bereits entgegenwälzt, Augen und Ohren schließt und jede ernstliche Kraft, jedes ernsthafte Interesse verloren zu haben scheint, zu retten, was noch zu retten ist.

Wieviele von den sechzig Millionen Deutscher haben selbst die entsetzliche Katastrophe, von der die deutsche Währung in der letzten Woche wieder betroffen worden ist, mit ganzem Ernste begriffen und empfunden? In breitestem Kreise selbst derjenigen, die berufsmäßig unmittelbar mit Finanzangelegenheiten befaßt sind, ist sie nicht anders verstanden worden, denn als neue Konjunktur, die alle Waren- und Wertpapierpreise stürmisch aufwärts trieb und unvergleichlichste Gelegenheit zu privater Geschäftemacherei zu bieten schien. Und die breite Masse gar, die sich nach jedem Boxkampftreffen die Beine ausläuft, über jede Erhöhung der Trambahnfahrpreise ausgiebige Stammtischbetrachtungen anstellt, ist an dem folgenschweren Ereignis vollkommen teilnahmslos vorübergegangen.

Demgegenüber ist es Pflicht, mit rückhaltlosester Offenheit den wahren Stand der Dinge darzulegen und ihre schreckenerregende Bedeutung für alles, was uns not und teuer ist, klar zu machen.

Die deutsche Mark liegt im Todeskampf! Darüber kann auch die Tatsache nicht hinwegtäuschen, daß in den letzten Tagen eine leichte Erholung eingetreten ist, denn solch' vorübergehende Rekonvaleszenz haben wir schon so oft erlebt, haben so oft schon erfahren, daß sie immer nur der Vorbote neuen Verfalles war, daß es unmöglich ist, an die …

… leben zu können (denn die künstliche Niederhaltung der Inlandspreise durch Zwangswirtschaft und Reichszuschüsse ist zwar notwendig, bei den jetzigen Wirtschaftsmängeln aber auf die Dauer nicht durchführbar!).

Das bedeutet, daß die 80 Milliarden Goldmark, die wir an Kriegsentschädigung bereits sicher zu zahlen haben, eine Summe von 1440 Milliarden Papiermark bedingen werden, eine Summe also, die den gesamten deutschen Notenumlauf um das neunundzwanzigfache übersteigt.

Das bedeutet ferner, daß wir nicht mehr in der Lage sein werden, ausländische Rohstoffe für unsere Industrie zu bezahlen, daß also ein großer Teil der deutschen Werke entweder in fremde Hände übergehen wird (womit der Verdienst außer Landes flösse), oder daß sie stillgelegt und ihre Arbeiter auf die Straße gesetzt werden müssen, und daß die dadurch ungeheuer verstärkte Warenknappheit die Preise für noch vorhandene Ware maßlos weiter in die Höhe treiben wird.

Das bedeutet endlich, daß wir uns selbst die Lebensmittel, die wir zur Ergänzung unserer vollkommen ungenügenden einheimischen Produktion aus dem Ausland beziehen müssen, nicht mehr werden leisten können (die Berichte der letzttägigen Warenbörsen zeigen diese Folge schon aufs deutlichste!), daß wir somit selbst vor dem nackten Hunger keinen Schutz und keine Zuflucht mehr finden werden.

Dies alles selbst unter der Voraussetzung, daß wenigstens der jetzige Geldwert erhalten bleibt!

Was aber, wenn er noch weiter sinkt?

Die deutsche Mark in der Schweiz.

Tauschhandel, der Handel Ware gegen Ware, — die einzige Wirtschaftsform, die dann noch möglich wäre —, könnte nur so schwerfällig und konfliktreich sich anbahnen und vollziehen, daß er nicht imstande wäre, sechzig Millionen Menschen auch nur mit dem Notdürftigsten zu versorgen. Ferner aber ist unausdenkbar, daß in dem plötzlichen Chock die Produktion auf irgendwelchem Gebiete auch nur halbwegs aufrecht erhalten werden könnte. Nicht nur in der Güterverteilung, auch in der Gütererzeugung käme es zu dem beispiellosesten Kladderadatsch der Weltgeschichte, und das Ende wäre entweder ein alles Ahnbare weit hinter sich lassender Kapitalismus der zufälligen Güterbesitzer, oder aber, wahrscheinlicher, Raub, Mord und Plünderung, — eine neue Revolution, vor deren Schrecken alles verblaßte, was in Jahrtausenden erlebt ward, eine Revolution, die nicht aus der Hoffnung auf Umgestaltung und Verbesserung der bestehenden Zustände, sondern aus nacktester Verzweiflung erwüchse, — planlos, ziellos, tödlich für alle Unterlagen absehbaren Wiederaufbaus.

Am Rande dieses Abgrundes taumeln wir dahin. Vernunft, wenn auch spät erwachte, wäre das Einzige, was uns retten könnte. Dazu aufzurufen ist kein hoffnungsvolles Unternehmen. Der Börsenmann, der in der Katastrophenkonjunktur schwimmt, der Schieber, der am Warenhunger schmarotzt, der Arbeiter, der seine politische Macht zu wirtschaftserdrosselnden Forderungen mißbraucht, der Grundherr, der seine Ernte versteckt oder aus dem Lande schmuggelt, der Kapitalist, der sein Vermögen vor der Mark und vor den Steuern über die Grenzen verduften läßt, der Beamte, der um schmutziger Nebeneinnahmen willen für die Beihilfe zu alledem feil ist —: dies ganze jüngstdeutsche Zucht- und Tollhausgelichter ist schlechtes Auditorium für Erwägungen der Vernunft. Aber gesündigt wird allerwärts, — nicht nur aus Tollheit und Verbrechen, auch aus Unkenntnis und Bequemlichkeit. Und selbst die wahren „Volksverderber", die Tänzer ums goldene Kalb, könnten ihr Handwerk nicht im jetzigen Umfang betreiben, wenn der Wille des gesunden Volksrestes sich geschlossen ihnen entgegenstemmte. Zu diesem Ende muß Klarheit über die Ursachen der Katastrophe herrschen, Klarheit über die Ziele, denen wir mit letzter Kraft zusteuern müssen.

Von ihnen soll in einem zweiten Aufsatz gesprochen werden.

v. Gwinner über die Wirtschaftslage.

m. Berlin, 2. Februar. Priv.-Telegr.)

Der Korrespondent der „Daily News" hat mit Herrn v. Gwinner eine Unterhaltung gehabt. Auf die Frage, ob Deutschland, populär ausgedrückt, bankrott machen würde, beklagte Herr v. Gwinner die Verwirrung in diesen Dingen. Man müsse unterscheiden zwischen dem Bankrott des Kredits und dem Bankrott der Staatskasse. Gegenwärtig sei der deutsche Kredit in einem Zustand des Bankrotts, aber keine Rede sei von einem Bankrott der Staatskasse oder der Staatsform. Der Bankrott sei heute auch nutzlos. Manchmal werde das Problem erörtert, worin der Unterschied zwischen der Zahlung mit wertlosem Papier und dem Unterbleiben jeder Zahlung überhaupt bestehe. Die deutschen Banken seien vollkommen zahlungsfähig, weil sie in Mark zu zahlen hätten und Markscheine im Ueberfluß vorhanden seien. Dafür tadele man die Regierung. Aber die Regierung könne nichts für diesen Ueberfluß, denn die

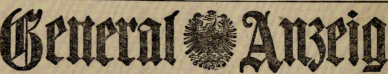

Abb. 70 —— Der Todeskampf der Mark, von Leopold Schwarzschild, Frankfurter General-Anzeiger, 2. Februar 1920, HMF.

Abb. 71 —— Plünderungen in der Frankfurter Altstadt (Schnurgasse), Tonlithographie von Franz Bachmann, Frankfurt 1919, HMF.C22911.

Abb. 72 —— Nach den Plünderungen vom 31. März 1919, Fotografie von Leonhard Kleemann, Frankfurt 1919, HMF.C23180b.

Abb. 73 —— Verbrennung von Gerichtsakten am Justizgebäude, Fotografie von Leonhard Kleemann, Frankfurt 1919, HMF.C23181a.

Abb. 74 —— Der Kunstraubzug des Dollars, Karikatur von Erich Schilling, Simplicissimus, Nr. 47 vom 15. Februar 1922, S. 625, Foto: Klassik Stiftung Weimar, Herzogin Anna Amalia Bibliothek.

München, 15. Februar 1922 Preis 3 Mark 26. Jahrgang Nr. 47

SIMPLICISSIMUS

Bezugspreis vierteljährlich 36 Mark
Alle Rechte vorbehalten

Begründet von Albert Langen und Th. Th. Heine

Bezugspreis vierteljährlich 36 Mark

Der Kunstraubzug des Dollars

(Zeichnung von E. Schilling)

„Die Zukunft haben wir den Deutschen genommen; jetzt wollen wir ihnen auch noch ihre Vergangenheit abkaufen."

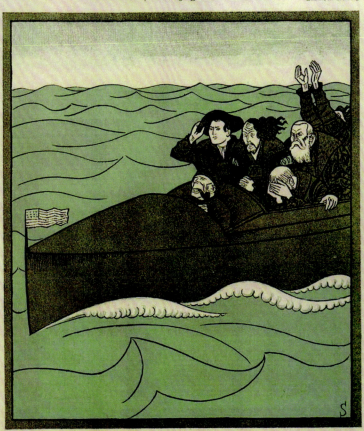

Abb. 75 —— Stadt Höchst am Main, Gutschein über 100 Mark, 29. September 1922, HMF.MP00089.

Abb. 76 —— Stadt Frankfurt am Main, Gutschein über 500 Mark, 1. September 1922, HMF.MP00081.

Abb. 77 —— Griesheim Elektron, Gutschein über 100 Mark, 30. September 1922, HMF.MP00219.

Abb. 78 —— Farbwerke vorm. Meister Lucius & Brüning, Gutschein über 500 Mark, 22. September 1922, HMF.MP00215.

STADT HÖCHST AM MAIN

№ 035642

GUTSCHEIN ÜBER
HUNDERT MARK

Dieser Schein wird für Rechnung der Stadtverwaltung von der Städt. Sparkasse in Höchst a. M. in Reichswährung eingelöst. Der Verfalltag wird amtlich bekannt gegeben; nach Ablauf der Einlösungsfrist verliert dieser Schein seine Gültigkeit.

Höchst a. M., den 29. September 1922

DER MAGISTRAT

A № 284044

Stadt Frankfurt a. M.
Gutschein
über
Fünfhundert Mark

Die Einlösung dieses Scheines erfolgt bei der Stadthauptkasse Frankfurt a. M. Der Zeitpunkt, mit dem die Gültigkeit abläuft, wird öffentlich bekannt gemacht.

Frankfurt a. M.,
1. September 1922

Der Magistrat

A № 284044

Reparationen
Der Preis für die Niederlage ——

Reparationen sind Geldzahlungen und Sachleistungen, die nach einem Krieg vom Verlierer an den Sieger eines Krieges gezahlt werden. 1871 war Frankreich im Frieden von Frankfurt zur Zahlung von fünf Milliarden Goldfrancs an das Deutsche Reich gezwungen worden. Das Deutsche Reich musste als Verlierer im Ersten Weltkrieg gemäß dem Versailler Vertrag von 1919 Zahlungen an die Siegermächte Frankreich, Großbritannien, Italien und Belgien leisten. Deren genaue Höhe oder Laufzeit hatte der Versailler Vertrag allerdings nicht benannt, so dass diese Fragen in den 1920er-Jahren ein heiß diskutiertes Thema der deutschen und internationalen Politik in Deutschland blieben.

Auf mehreren Konferenzen der Jahre 1920 und 1921 forderten die alliierten Siegermächte bis zu 269 Milliarden Goldmark in 42 Jahresraten und 12 Prozent des Wertes der jährlichen Ausfuhren. Den Vorschlag des Reichstags zur Zahlung von 50 Milliarden lehnten sie ab. Eine Forderung vom Mai 1921 verlangte vom Deutschen Reich einen Zahlungsmodus von jährlich zwei Milliarden Goldmark und 26 Prozent des Wertes der Exporte bei mindestens 132 Milliarden Mark Gesamtschuld. Als Reichskanzler Wirth dem notgedrungen zustimmte, wurden die Politiker der Regierungsparteien von den Rechten der sogenannten „Erfüllungspolitik" bezichtigt. In der Öffentlichkeit, gut illustriert in den viel gelesenen Satireblättern, schauen England und Frankreich zu, wie der in Ketten gelegte deutsche Michel die Weltkugel mit der Schwere der Reparationen schleppt (Der Wahre Jacob vom 13. März 1921). Reichskanzler Joseph Wirth (1879–1956) fährt einen Sack voll Geld mit der Aufschrift „Erfüllungspolitik" in Richtung dieser Länder (Kladderadatsch vom 17. September 1922).

In Frankreich herrschte die Auffassung, dass Deutschland die Inflation bewusst nutzte, um den Verpflichtungen der Reparationen nicht nachkommen zu müssen. Daran war etwas Wahres, das wurde vom Unternehmer Hugo Stinnes (1870–1924) im Mai 1922 bestätigt. Seiner Meinung nach lag im Notdrucken eine Art Notwehr gegen die übertriebenen Forderungen des Versailler Vertrages. Sie war, was auch der deutsche Außenminister Walter Rathenau (1876–1922) so einschätzte, eine politische Notwendigkeit. Und auch für die Reichsbank war die Geldentwertung ein Druckmittel gegenüber den Alliierten, um jene zu annehmbaren Reparationsforderungen zu bewegen. Denn genau diese wurden als die Ursache für die prekäre deutsche Finanzlage angesehen. Grundsätzlich ging es allen Politikerinnen und Politikern im Reich um eine Revision des „Versailler Diktats". Ein Rückstand an Sachlieferungen (Holz, Kohle) im Kontext der Reparationen im Dezember 1922 führte zur französischen Ruhrbesetzung und beschleunigte die Hyperinflation durch hohe staatliche Ersatzleistungen an die streikenden Arbeiter und Unternehmen.

Nach Einführung der Renten- und Reichsmark wurden im Dawes-Plan vom 16. August 1924 die Reparationen neu geregelt. Die Jahreszahlungen wurden auf eine Milliarde Reichsmark gesenkt, später nach wirtschaftlicher Lage auf 2,5 Milliarden Mark. Nach dem Young-Plan von 1929 sollte Deutschland 112 Milliarden Goldmark bis 1988 zahlen. Die Konferenz von Lausanne beendete die Reparationen im Sommer 1932 gegen eine Einmalzahlung von drei Milliarden Goldmark. Der Grund dafür war die Furcht der US-amerikanischen und britischen Auslandsgläubiger, in der Wirtschaftskrise ihre nach Deutschland geliehenen Milliardenbeträge nicht zurückzubekommen.

Abb. 79 — „Michels Osterei", Titelbild, Der Wahre Jacob, Nr. 904 vom 13. März 1921, Klassik Stiftung Weimar, Herzogin Anna Amalia Bibliothek.

Abb. 80 — „Erfüllung und Entleerung", Karikatur von Arthur Johnsonn, Kladderadatsch, Nr. 37 vom 17. September 1922, Universitätsbibliothek Heidelberg.

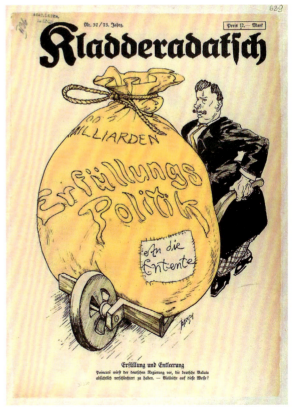

Nach deutschen Angaben wurden Zahlungen in Höhe von 67,7 Milliarden Goldmark geleistet. Nach alliierten Berechnungen waren es aber nur 21,8 Milliarden Goldmark, wobei Sachleistungen und andere Positionen nicht einbezogen waren. Sicher ist, dass die Reparationen eine zwar ökonomische, in ihrer Wirkung aber mehr politische Belastung für die junge deutsche Demokratie waren. **FB**

Frankfurts Hungerjahre
Lebensmittelmarken im Ersten Weltkrieg ——

Mit Ausbruch des Ersten Weltkriegs sah sich die Stadt Frankfurt vor die Herausforderung gestellt, ihre 400.000 Einwohner*innen zu ernähren. Die Ernährungssituation in Frankfurt und im Reich hatte sich in den Jahren zuvor rasant verbessert, so war der jährliche Fleischkonsum pro Kopf von 30 Kilogramm im Jahr 1880 auf 52 Kilogramm im Jahr 1913 angestiegen. Der deutsche Kriegseintritt am 1. August 1914 wirkte sich nun schlagartig auf die Lebensmittelversorgung aus. So stiegen mit dem Einzug zahlreicher Müller zum Wehrdienst (?) im gesamten Reich die Brotpreise an. In Frankfurt wurde zwar zeitnah eine Gemischte Kommission zur Garantie der Lebensmittelversorgung eingerichtet, doch auch diese versäumte das unmittelbare Anlegen von Vorräten. Die deutsche Kriegsplanung ging von einem schnellen und erfolgreichen Kriegsende aus.

In Friedenszeiten versorgte das Umland die Stadt mit landwirtschaftlichen Erzeugnissen. Der Krieg kappte diese Verbindung und erschwerte die Versorgung auch durch die veränderte Infrastruktur: Die Eisenbahn wurde nahezu vollständig für den Truppentransport beansprucht und transportierte kaum noch Lebensmittel in die Stadt. Die steigenden Preise und die gleichzeitig sinkende Qualität der Kartoffeln, sowie die künstliche Verknappung durch Hamsterkäufe führten bereits ab Oktober 1914 zu Besorgnis und Ärgernis innerhalb der Bevölkerung. Als im November die Weizen- und Roggenpreise ein Rekordhoch erreichten, fürchtete die Stadt um die öffentliche Ordnung. Obwohl Frankfurt dank einer guten Ernte 1914 und durch Lebensmittel aus Süddeutschland noch problemlos versorgt werden konnte, waren die Auswirkungen durch den gestoppten Import ausländischer Lebensmittel deutlich spürbar. Ab Dezember verkauften die Bäckereien Kriegsbrot mit reduziertem Getreideanteil. Weizenbrot durfte nicht mehr ohne einen Roggenanteil von 10 Prozent, Roggenbrot nicht ohne einen Kartoffelmehlanteil von 5 Prozent gebacken werden. Städtische Höchstpreisverordnungen regulierten zunächst nur den Preis einzelner Lebensmittelgruppen, später traten jedoch auch Maßnahmen zur Rationierung in Kraft. Ab Februar 1915 gab es Brot und Mehl nur noch im Tausch gegen Lebensmittelmarken, ab 1916 galt dies auch für Butter, Fett, Milch, Kartoffeln, Zucker, Eier und Fleisch. Die Lebensmittelmarken wurden in Frankfurt zunächst vom Gewerbe- und Verkehrsamt und ab dem 6. Juni 1916 durch das neu gegründete Städtische Lebensmittelamt ausgeben. Zu diesem Zeitpunkt standen jedoch bereits viel zu wenig Lebensmittel zur Verfügung: „Man nehme die Fleischkarte, wälze sie in der Eierkarte und brate sie in der Butterkarte schön braun [...]", heißt es auf einer zeitgenössischen Postkarte.

Die Folge der Rationierungen war ein florierender Schwarzmarkt, an den ab 1915 etwa ein Drittel aller erzeugten Lebensmittel gingen. Inzwischen war in weiten Teilen der Bevölkerung eine Unterernährung zu beobachten. Oberbürgermeister Georg Voigt initiierte den Import von getrocknetem Klippfisch aus Norwegen. Doch der gelbe, tranige und schlecht riechende Fisch war, wenn auch nahrhaft, absolut unzumutbar, wie selbst die Lebensmittelkommission befand. Der eisig kalte Winter 1916/1917, der sogenannte Steckrübenwinter, verschärfte die Situation massiv. Kartoffeln waren seit Kriegsbeginn aus Mangel an Alternativen zum Hauptnahrungsmittel geworden und der Kartoffelverbrauch hatte sich 1916 verglichen mit den Vorkriegsjahren mehr als verdoppelt. Nun wurde selbst das Wurzelgemüse wie Steckrüben, das ursprünglich als Viehfutter gedacht war, knapp. Die Stadt organisierte die Schlachtung von Vieh, um wenigstens die Fleischversorgung zu garantieren. Dennoch lag die durchschnittliche Kalorienzufuhr

Abb. 81 —— Lebensmittelmarken, Frankfurt 1917–1921, HMF.C.1971.074; HMF.C.1987.018.

bei nur noch 1.100 Kalorien pro Tag. Am 11. September 1917 kam es in Frankfurt zu einer Volksversammlung, bei der die Bürger*innen gegen die Lebensmittelnot protestierten und die Reichsregierung zum Handeln aufforderte, doch erst Ende des Jahres entspannte sich die Situation durch einen höheren Ertrag der Kartoffelernte. Im Sommer 1918 brach auch die Fleischversorgung komplett ein und im Herbst war die Ernährungslage in Frankfurt so schlecht wie nie zuvor. Und auch das Kriegsende bedeutete nicht das Ende der Hungerjahre. 1919 erreichte die Zahl

Anträge für Lebensmittelmarken beim Frankfurter Lebensmittelamt ein Rekordhoch, was auch mit der großen Zahl an Kriegsheimgekehrten zusammenhing, die nun versorgt werden mussten. Eine Besserung der Ernährungssituation trat erst ab Sommer 1919 ein, als die Blockaden in den besetzten Gebieten Deutschlands aufgehoben wurden und die Zahl der Arbeitslosen sank. Insgesamt hatte das Reich mehr als 760.000 Hungertote zu verzeichnen. **NA**

Literatur: Drüner 1934; Regulski 2012.

Franzosen am Main

Das Gebiet des heutigen Frankfurts war seit Dezember 1918 zweigeteilt. Höchst und Sossenheim gehörten zum französisch besetzten Gebiet, wie ab April 1919 auch Schwanheim, Nied und Griesheim. Das übrige Frankfurt lag in der entmilitarisierten, sogenannten „neutralen" Zone. Für den Verkehr zwischen diesen Zonen, der auch viele in Höchst und Griesheim tätige Arbeiter betraf, gab es Grenzverkehrskarten bei täglichen Kontrollen an den Absperrungen.

Eine angebliche Verletzung der Grenzen der vertraglich vereinbarten entmilitarisierten Zone im Rheinland durch die Reichswehr nahm Frankreich zum Anlass, Frankfurt im Frühjahr 1920 zu besetzen. Von Mainz kommend rückten am 6. April 1920 50.000 Mann französischer Truppen, überwiegend Soldaten aus Tunesien, Marokko, Algerien und Senegal, mit Panzern und Kanonen in Frankfurt ein. Sie besetzen unter anderem den Hauptbahnhof, das Polizeipräsidium, die Hauptpost und das Rathaus. Eine Flottille aus Kanonenbooten landete an den Mainbrücken und sperrte sie für den Verkehr. Über der Stadt kreisten Flugzeuge. Auf den Straßen herrschte bald ein reges militärisches Treiben von Besatzungstruppen verschiedener Waffengattungen. Für die Frankfurter ging das normale Geschäftsleben zwar weiter, jedoch mit Ausgangsbeschränkungen und Identitätskontrollen. Reiseverkehr zwischen den Zonen und Versammlungen wurden verboten.

Viele öffentliche Gebäude kamen in den Vorzug strenger Bewachung, wie das Opernhaus, der Römer, die Hauptpost und der Schillerplatz. Der „Hauptwache" legten die Franzosen schon aufgrund ihres Namens besondere militärische Bedeutung zu. Sie wurde von etwa 30 Schützen eines algerischen Kolonialregiments verteidigt, wozu Maschinengewehre aufgestellt waren. Rings um die Absperrungen dieser Soldaten herum bildete sich am 7. April 1920, dem Tag nach dem Einmarsch, eine große neugierige Menschenmenge. Den Soldaten vor der Menschenmauer wurde unbehaglich und sie fühlten sich bedrängt. Der kommandierende Unterleutnant ließ die Bajonette aufpflanzen und gab den Wink zum Schießen, – vermutlich in die Luft. Die Schützen und ein Maschinengewehr feuerten dagegen in die Menge und Soldaten gingen mit dem Bajonett ins Publikum. Elf Männer und Frauen starben, 22 Menschen wurden verletzt. Die Passanten flohen, während zwei sprachkundige Männer, ein Frankfurter und ein Schweizer, Befehl zur Feuereinstellung gaben.

Der Vorfall erregte weltweit Empörung. Die Presse außerhalb Frankreichs sah das Land auf der Anklagebank. Trotz allem entwickelte sich in Frankfurt ein kühles Miteinander. Am 1. Mai wurde die Frühjahrsmesse in einem wirtschaftlich guten Umfeld eröffnet. Der Kurs der Mark hatte sich stabilisiert, die Arbeitslosigkeit war gering und der Kurs des Franc fiel ab. Um einen geordneten Rückzug sicherzustellen, nahmen die Franzosen am 16. Mai 1920 die gesamte Führung der Stadt als Geiseln. Die Kosten der Besatzung trug die Staatsregierung, ebenso die Versorgung der Angehörigen der Todesschüsse. **FB**

Literatur: Drüner 1934, S. 397–411.

Abb. 82 —— „Franzosen-Invasion an der Hauptwache", Fotografie, April 1920, HMF.C25154.

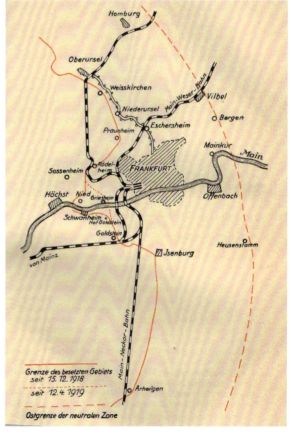

Abb. 83 —— Französischer Militärhelm, sog. Adrian, 1914–1918, HMF.X.2020.006.

Abb. 84 —— Karte der besetzten Gebiete, 1920, aus: Drüner 1934, S. 401.

„Opfer der Republik"
Die Ermordung Walther Rathenaus ——

Eine Republik in Aufruhr: In Frankfurt versammelten sich am 26. Juni 1922 auf dem Opernplatz 60.000 Menschen zu einer Protestkundgebung. Geschäfte, Banken und Betriebe wurden ab 14 Uhr geschlossen, die öffentlichen Gebäude waren auf Halbmast geflaggt. Einen Teil der Demonstrierenden zog es zum Hauptbahnhof, wo eine Sprengpatrone die Schienen der Straßenbahn zerstörte und sechs Menschen leicht verletzte. Anschließend steuerte die Gruppe die Brauchbachstraße und eine rechtsgerichtete Buchhandlung an, deren Auslagen auf offener Straße verbrannt wurden. In den Tagen zuvor hatte sich in Berlin bereits eine halbe Million Menschen zu einer Trauerkundgebung im Lustgarten zusammengefunden und in Darmstadt zertrümmerten Demonstrierende die Wohnung des DVP-Landtagsabgeordneten Dr. Arthur Osann. Auch demolierten sie dort die Geschäfte, die sich noch als „Hoflieferanten" ausschilderten. Den Vorsitzenden der DVP-Fraktion des Hessischen Landtages, Eduard Dingley, zwangen sie dazu, einen symbolischen Galgen durch die Stadt zu tragen.

Auslöser waren die Ermordung Walther Rathenaus am 24. Juni und seine anschließende Beisetzung am 26. Juni. Der Reichsaußenminister und Sohn des AEG-Gründers Emil Rathenau fuhr an einem Samstagmorgen im offenen Fond seines Wagens von seinem Wohnhaus zum Reichsaußenministerium in Berlin, als er aus einem überholenden Mercedes heraus mit fünf Schüssen aus einer Maschinenpistole erschossen wurde. Die Täter waren Erwin Kern und Hermann Fischer, Mitglieder der rechtsextremen Terrorgruppe „Organisation Consul" (O.C.). Als jüdischer Industrieller und durch die ihm vorgeworfene „Erfüllungspolitik" war Rathenau zum Ziel rechter Anfeindungen geworden. „Knallt ihn ab, den Walther Rathenau", lautet der noch am wenigsten verstörende Vers eines auf ihn gedichteten Hassliedes. „In den Jugendjahren eines jeden deutschen Juden gibt es einen schmerzlichen Augenblick, an den er sich zeitlebens erinnert: wenn ihm zum ersten Male voll bewusst wird, dass er als Bürger zweiter Klasse in die Welt getreten ist und keine Tüchtigkeit und kein Verdienst ihn aus dieser Lage befreien kann", schrieb Rathenau in einem Aufsatz über den Antisemitismus, dem er sich ausgesetzt sah (Rathenau, 1918). Hatte ihn seine jüdische Herkunft im Kaiserreich bereits die Offizierslaufbahn gekostet, musste er in der Weimarer Republik auf tragische Weise mit seinem Leben dafür bezahlen.

„Da steht der Feind, der sein Gift in die Wunden eines Volkes träufelt, da steht der Feind und darüber ist kein Zweifel: Dieser Feind steht rechts!", verurteilte Reichskanzler Joseph Wirth den Mord an Rathenau vor dem Reichstag am 25. Juni. Mehrere Anschläge von rechts trafen Politiker der Weimarer Republik in dieser Zeit: Knapp ein Jahr zuvor hatten Mitglieder der „O.C." bereits den ehemaligen Reichsfinanzminister Matthias Erzberger erschossen und erst Anfang Juni war ein Blausäureattentat auf Philipp Scheidemann fehlgeschlagen. Schriftsteller und Journalist Kurt Tucholsky schrieb dazu: „Walther Rathenau ist für die Republik ermordet worden, die ihn niemals geschützt hat. [...] So, wie Karl Helfferich intellektuell an der Ermordung Erzbergers schuld ist, so sind die beiden Rechtsparteien – die Deutschnationale und die Deutsche Volkspartei – schuld an der Verbreitung der faustdicken Lügen und Verdrehungen, die Rathenau das Leben gekostet haben. Die Provinzpresse rast seit Monaten gegen den Republikaner, den Steuererfasser, den Juden Rathenau. Denn das ist hier noch immer so gewesen: was der Junker versaut, muß der Jude ausfressen." (Die Welt am Montag, 26. Juni 1922.)

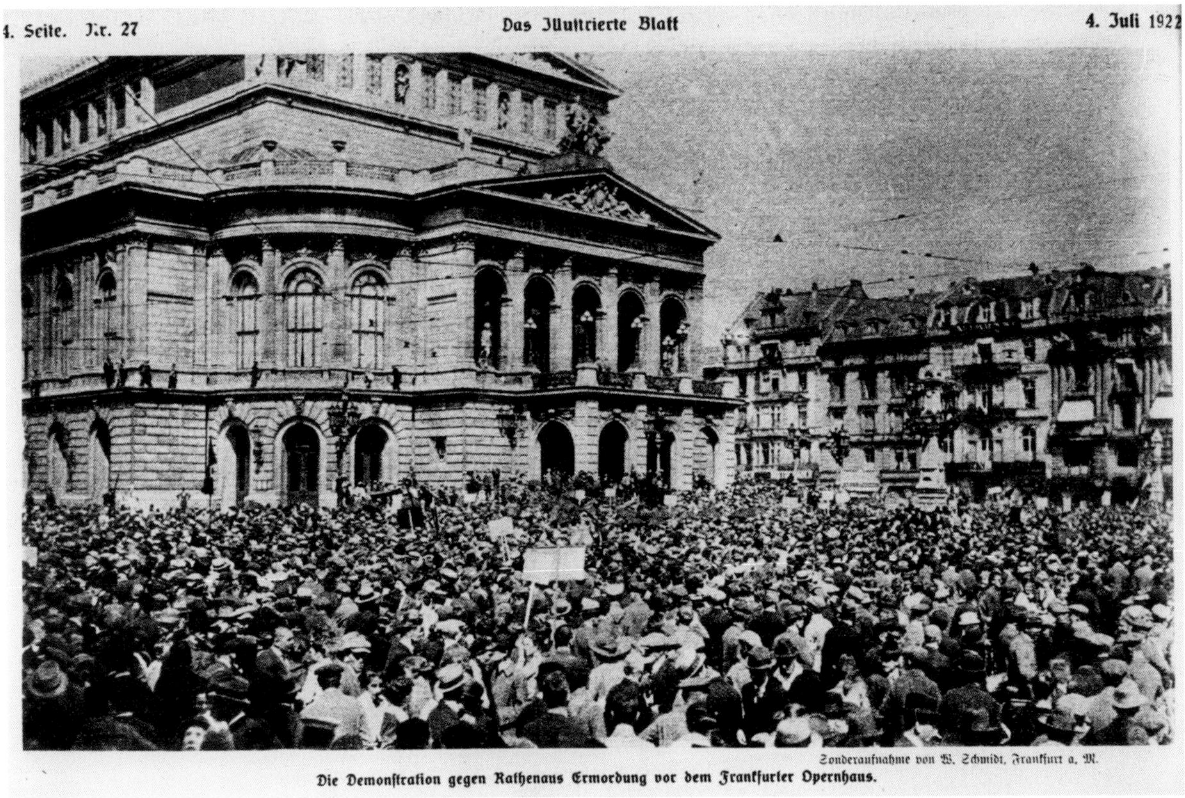
4. Seite. Nr. 27 — Das Illustrierte Blatt — 4. Juli 1922

Sonderaufnahme von W. Schmidt, Frankfurt a. M.

Die Demonstration gegen Rathenaus Ermordung vor dem Frankfurter Opernhaus.

Abb. 85 —— Demonstration auf dem Frankfurter Opernplatz anlässlich der Ermordung Walther Rathenaus, 27. Juni 1922, Fotografie von W. Schmidt, Foto: Institut für Stadtgeschichte Frankfurt, S7Z, 1922.

Ziel der Anschläge war die Destabilisierung der Weimarer Republik. Mit dem Tod Rathenaus schwand das Vertrauen des Auslands in die deutsche Währung und Wirtschaft. Am Tag des Mords stand der Dollar bei 331 Mark, drei Monate später kostete er schon 4.085 Mark. Aus Mangel an Bargeld durften jetzt sogar die Städte Notgeld drucken. **NA**

1923

Das Jahr 1923 hat sich als Krisenjahr in das kollektive Gedächtnis der Deutschen eingeschrieben. Es bezeichnet jedoch nur den Höhepunkt einer seit 1919 und durch den Ersten Weltkrieg ausgelösten Entwicklung. Ein Verzug bei den Reparationsleistungen führte im Januar 1923 zur Besetzung des Ruhrgebiets durch belgische und französische Truppen. Ziel war der Zugriff auf Kohle und Stahl, auf den die Regierung und die Bevölkerung mit einem „passivem Widerstand" reagierten. Die Beschäftigten im Ruhgebiet sollten ihre Arbeit niederlegen und nicht mehr mit den Besatzungsmächten kooperieren. Darüber hinaus stellte die Reichsregierung die Zahlungen aller Reparationen ein. Das Deutsche Reich unterstützte die zwei Millionen und Streikenden im Ruhrgebiet, die nun ohne Einkommen waren, mit täglich 40 Millionen Mark. Die Kosten des „Ruhrkampfs" wurden mit der Notenpresse bestritten und schwächten die deutsche Währung weiter. Die erste neu ausgegebene Banknote des Jahres 1923 hatte bereits einen Nennwert von über 100.000 Mark, bei einem Außenwert von 41.500 Mark für einen Dollar am 1. Februar 1923. Im Frühjahr gelang zunächst eine Stabilisierung des Wechselkurses bei etwa 20.000 Mark, doch Mitte Juni lag der Dollar schon bei 100.000 Mark und am 30. Juli bei einer Million. Die Druckerpressen der Reichsbank und 133 privater Druckereien liefen nun rund um die Uhr, da die Reichsbank den Notenbedarf selbst nicht mehr decken konnte. Das Ergebnis war eine Flut von Notgeld, herausgegeben von 5.849 bekannten Ausgabestellen. Städte, Gemeinden, Kreise, die Post, die Eisenbahn und zahlreiche Industrieunternehmen druckten zwischen 70.000 und 80.000 verschiedener Scheine in Wertstufen von 100.000 Mark bis mehrere Billionen. Am Ende der Inflation im November 1923 waren 496 Trillionen Mark in Reichsbanknoten und 727 Trillionen Mark in Form von Notgeldscheinen in Umlauf.

In Frankfurt waren 1922 Produktion und Anlagen vieler Firmen dank der guten Absatzlage erheblich erweitert worden. Der Einbruch kam im Juli 1923 mit Streiks und Entlassungen. Ab August 1923 durften die Firmen das Geld für ihre Lohnzahlungen selbst herstellen, aber Beschäftigte konnten für diesen Lohn kaum mehr Waren kaufen. In der Stadt stockte die Versorgung mit Gütern und Lebensmitteln. Löhne, Gehälter und Unterstützungsbeiträge konnten den rasanten Preissteigerungen nicht mehr folgen. Es gab Krawalle und Streiks. Am Finanzplatz Frankfurt herrschte in den Inflationsjahren allerdings Hochbetrieb. Die Geldinstitute vervielfachten die Zahl ihrer Angestellten. Ein erheblicher Teil der Arbeitsleistungen floss in Kursberechnungen und das Abzählen von Geldscheinen. Die Inflation vernichtete auch den Wert des Ersparten. Betroffen waren neben den vielen Kleinsparenden auch das zuvor als wohlhabend geltende Bürgertum. Den größten Vermögensverlust hatten Stiftungen und Institutionen zu verbuchen, die Kriegsanleihen gekauft hatten.

Von der Inflation profitiert hatte nur wenige. Die bekannteste Figur des Inflationsgewinners war der Unternehmer Hugo Stinnes aus Mülheim an der Ruhr, der als „König der Inflation" galt. Ihm gelang es, zwischen 1918 und 1923 enormen Reichtum durch den Handel mit Rohstoffen anzuhäufen. Zeitweise war er der größte private Arbeitgeber, bei dem ein Prozent aller Beschäftigten des Reiches angestellt waren. Für die breite Mehrheit der Bevölkerung ging es im Herbst 1923 jedoch nur noch um die Existenz und das tägliche Überleben. Eine Großzahl der Menschen fühlte sich durch die Armut in Folge der Geldentwertung sozial deklassiert. So sank in Frankfurt die Zahl der Millionärinnen und Millionäre von 599 im Jahr 1914 auf 88 im Jahr 1927. **NA, FB**

Abb. 86 —— „Papiergeld! Papiergeld!", Karikatur von Karl Arnold, Simplicissimus, Nr. 11 vom 11. Juni 1923, S. 140, Foto: Klassik Stiftung Weimar, Herzogin Anna Amalia Bibliothek.

Wie oft noch?

Varus, 9 v. Chr.

Ludwig XIV., 1689.

Napoleon, 1806.

Poincaré, 1923.

Abb. 87 —— Wie oft noch?, Karikatur von Oskar Garvens, Kladderadatsch, Nr. 19 vom 13. Mai 1923, HMF.

Abb. 88 —— Notgeld des Landes Thüringen in Weimar, Herbert Bayer, 9. August 1923, HMF.MP00469.

Hessischer Englischer Hof

Gegründet 1798. Neuerbaut 1903.

Gegenüber dem Hauptbahnhof

Frankfurt a/M.

Postscheck-Konto 10208 Frankfurt a. M.
Fernsprecher: Hansa 8240 u. folg.
Fernzimmer 51 und 52.

Zimmer N° 418

Herrn / Frau Dr. Erlenbach

H. 2 K. D.

Monat April 1923	10		11												
	Mk.	Pf.	Mk.	Pf.	Mk.	Pf.	Mk.	Pf.	Mk.	Pf.	Mk.	Pf.	Mk.	Pf.
Wohnung	24000	—	24000											
Bäder														
20% Bedienungs-Zuschlag	4800	—	4800											
Heizung	6000	—	6000											
	34800		34800											
10% städt. Fremdensteuer (auf Wohnung und Bedienung)	9540	—	9540											
Frühstück			4800		4800	—								
Kaffee, Tee usw.														
Speisen im Zimmer														
Restaurant														
Weine														
Liköre														
Bier														
Mineralwasser														
Zigarren und Zigaretten														
Dienerschaft														
10% Bedienungs-Zuschlag			480	—	480	—								
Hausheizung														
	2034		2034											
Safe-Miete														
Wäsche														
Verschiedenes														
Portier-Auslagen														
Summe des Tages	46374		51654		5280									
Vortrag			46374		98028									
Übertrag					M 103308	—								

N° 26808
418
Mk. 103308
Hessischer (Englischer) Hof
FRANKFURT AM MAIN
Dankend erhalten
Nur diese Quittung beliebe man als gültig anzusehen.

Es wird höflichst gebeten, die Rechnungen bei längerem Aufenthalte **wöchentlich** zu bezahlen.

Abb. 89 —— Hotelrechnung, Rechnung für Direktor Erlenbach über 103.308 Mark, Hessischer Englischer Hof, Papier, Frankfurt 1923, HMF.M.2021.011.

Abb. 90 —— Briefumschlag der Direktion des Sammellagers Cottbus an den Polizei Präsidenten in Frankfurt, frankiert mit 25.000 Mark, 28. August 1923, HMF.

Abb. 91 —— Briefumschlag frankiert 80 Milliarden Mark der Discontogesellschaft Frankfurt an Wever & Co in Basel vom 23. November 1923, HMF.

Abb. 92 —— Parlamentsfeier vor der Paulskirche zum 75. Jahrestag der ersten Deutschen Nationalversammlung, im Römerhof, Reichstagspräsident Löbe, Reichspräsident Ebert und Oberbürgermeister Voigt, Fotografie von Leonhard Kleemann, Frankfurt 18. Mai 1923, HMF.C25859f.

Abb. 93 —— Parlamentsfeier vor der Paulskirche zum 75. Jahrestag der ersten Deutschen Nationalversammlung, geladene Gäste in der Paulskirche, Fotografie von John Graudenz, Frankfurt 8. Mai 1923, HMF.C25866.

Abb. 94 —— Gutschein über eine Million Mark der Deutschen Gold- und Silber-Scheide-Anstalt vormals Roeßler, bekannt als Degussa, Frankfurt 23. August 1923, HMF.

Abb. 95 —— Gutschein der Stadt Frankfurt über Zwei Millionen Mark, Frankfurt 15. August 1923, HMF.

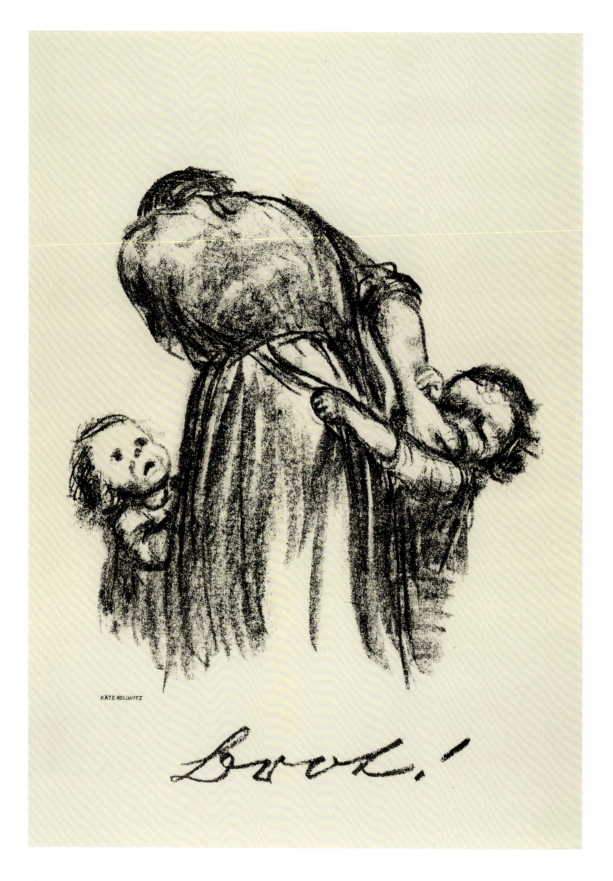

Abb. 96 —— Brot!, Mutter mit zwei hungernden Kindern, Käthe Kollwitz, Berlin 1924, HMF.C59239,02.

Abb. 97 —— Aufteilung eines gefallenen Pferdes in München, Fotografie von Photothek, Berlin 1923, aus: Ostwald 1931, S. 22, HMF.

Abb. 98 —— Moderner Tauschhandel, Fotografie von Atlantic Berlin, 1923, aus: Ostwald 1931, S. 114, HMF.

Aufteilung eines gefallenen Pferdes in München Phot. Photothek, Berlin

Moderner Tauschhandel Phot. Atlantic, Berlin

„Hände weg vom Ruhrgebiet!"

Als Verlierer des Weltkrieges musste das Deutsche Reich den Siegermächten Reparationen zahlen. Diese forderten im Mai 1921 bei einer Gesamtschuld von 132 Milliarden Goldmark jährlich zwei Milliarden Mark abzuleisten, in Dollar, Franc und Pfund. Zusätzlich waren 26 Prozent des Wertes aller Exporte zu zahlen. Aus Widerstand gegen diese Verpflichtungen war nach Ansicht führender industrieller Kreise die Geldentwertung eine politische Notwendigkeit. Großindustrielle wie Walther Rathenau und Hugo Stinnes waren der Meinung, dass die prekäre deutsche Finanzlage am Ende eine „Revision des Versailler Diktats" herbeiführen würde.

Die alliierte Reparationskommission stellte im Dezember 1922 fest, dass Deutschland mit der Lieferung der vereinbarten Sachleistungen, wie Telegraphenmasten und Kohle, im Rückstand war. Seit dem 11. Januar 1923 besetzten bis zu 100.000 französische und belgische Soldaten das Ruhrgebiet und Teile des Bergischen Landes. Frankreich wollten sich so „produktive Pfänder" in Form von Kohle- und Stahllieferungen sichern. Die Reichsregierung rief die Bevölkerung am 13. Januar zum passiven Widerstand auf und zahlte keine Reparationen mehr. Die Beschäftigten der Reichsbahn verweigerten den Dienst. Kohlezüge nach Frankreich und Belgien wurden blockiert und sogar zur Entgleisung gebracht. Im Gegenzug unterstützte das Deutsche Reich etwa zwei Millionen der von den Franzosen entlassenen Bahnarbeiter und die Streikenden finanziell. Allein diese Kosten beliefen sich auf täglich 40 Millionen Mark. Auf beiden Seiten gab es Gewalttätigkeit. Ein schier unüberwindbarer gegenseitiger Hass war herangewachsen. 150.000 vollzogene Strafen für Deutsche reichten von Ausweisungen über Gefängnis bis zu Erschießungen.

Auf dem Plakat ist die französische Nation als nachlässig gekleidetes Flintenweib dargestellt, das seine gierige Hand zum Ruhrgebiet ausstreckt. Dabei wird die Hand von Schornsteinen durchstochen. Die raffgierigen Besatzungstruppen, meist mit ihrem Militärhelm dargestellt, wurden zum Gegenstand deutscher Bildpropaganda. Die Anwesenheit französischer Soldaten afrikanischer Herkunft empfanden die Deutschen angesichts ihrer kulturellen Überheblichkeit und rassistischen Überzeugungen als Schande.

Die finanzielle Unterstützung des Ruhrkampfs durch die Reichsregierung heizte die Inflation weiter an und war ein maßgeblicher Grund für die ab August 1923 herrschende Hyperinflation. Bei verdoppelten Ausgaben waren die Einnahmen des Reichs stark zurückgegangen, zuletzt auf 19,6 Prozent der Ausgaben. Im Zuge der Vorbereitung einer Währungsreform beendete die Regierung Stresemanns am 26. September 1923 den „Ruhrkampf". Der Ruhrkampf kostete die deutsche Volkswirtschaft etwa vier bis fünf Milliarden Goldmark. **FB**

Abb. 99 —— Hände weg vom Ruhrgebiet,
Farblithografie von Theo Matejko, 1923, HMF.C58048.

Papiergeld des Deutschen Reiches

Die Ausgabe von neuem Papiergeld begann im Deutschen Reich unmittelbar nach Kriegsbeginn. Mit dem 5. August 1914 wurden „Darlehenskassenscheine" im Wert von fünf, 20 und 50 Mark gedruckt. Weil das Deutsche Reich den Krieg verloren hatte, konnte es die Kriegslasten nicht auf andere Staaten abwälzen. Einen ersten Engpass in der Geldversorgung gab es 1918/1919, als die Reichsdruckerei kaum noch in der Lage war, den Notenbedarf in Folge des Kursverfalls der Mark zu decken. In Folge des Friedensvertrags musste das Reich selbst Reparationen zahlen. Diese wurden über das Drucken zusätzlichen Papiergeldes bezahlt, was die Inflation noch verstärkte.

Eine weitere Ausgabeperiode von zahlreichen Geldscheinen bildete das Jahr 1922. Es erschienen Reichsbanknoten in Beträgen von 100, 500, 1.000, 5.000, 10.000 und 50.000 Mark. Mit Erlaubnis des Reichs gaben auch die Städte Frankfurt und Höchst sowie die Chemische Fabrik Griesheim-Elektron und die Farbwerke Höchst Gutscheine von 100 bis 1.000 Mark als Notgeld aus. Es folgten sechs notgeldlose Monate bis Juli 1923. Noch funktionierte die Geldversorgung, die auch die Kursstände von 100.000 Mark am 13. Juni 1923 und 200.000 Mark am 17. Juli 1923 bewältigte. Nach einem Absturz der Mark auf eine Million Mark zum Dollar am 30. Juli 1923 liefen die Druckmaschinen der Reichsbank und 133 privater Druckereien rund um die Uhr. Rückdatiert mit 25. Juli 1923 kam eine Banknotenserie mit Werten von 100.000, 500.000, einer Million, sowie fünf, zehn, 20 und 50 Millionen Mark im August zur Ausgabe. Eine Milliarde Mark der Reichsbank erschienen als Banknote am 5. September 1923 und am 1. November 1923 gab es Geldscheine mit dem Aufdruck von einer, fünf und zehn Billionen. Die Menge der im Umlauf befindlichen Reichsbanknoten wurde Ende auf 400 bis 500 Trillionen Mark geschätzt.

In Namen der am 15. Oktober 1923 gegründeten Deutschen Rentenbank wurden zum 1. November 1923 die neuen Rentenbankscheine gedruckt, deren Beträge auf einer, zwei, fünf, zehn, 50, 100, 500 und 1.000 Rentenmark lauteten. Die Reichsbank konnte bis zur Verabschiedung des Reichsbankgesetzes vom 30. August 1923 ebenfalls noch Noten in Papiermarkwährung ausgeben, die eine letzte Reihe von Billionenwerten darstellten. Bei dieser streng regulierten Emission entsprach eine Billion Mark einer Rentenmark. Dies waren die höchsten Nennwerte, die je auf Geldscheinen des Deutschen Reichs erschienen waren.

Bei der Wahl der Motive für die Geldscheine wurden – wie schon oft zuvor – Werke von Albrecht Dürer zum Vorbild genommen. Damit sollte auf eine Blütezeit Deutschlands verwiesen werden, zumindest in künstlerischer Hinsicht. Die 50 Billionen vom 10. Februar 1924 zeigen den Nürnberger Ratsherrn Jakob Muffel von Eschenau. Dieses Motiv wurde dann auch bei der ersten 100 D-Mark Banknote 1948 genutzt. Der höchste jemals von der Reichsbank ausgegebene Nennwert lautet über 100 Billionen Mark, was bei seiner Ausgabe 100 Rentenmark entsprach. Motiv des Geldscheins ist das 1503 gezeichnete Portrait von Willibald Pirckheimer, gezeichnet von seinem Freund Albrecht Dürer. Der Dargestellte war ein bekannter Humanist, Jurist, Kunstsammler, Patrizier und Ratsherr im Nürnberg der Renaissance. **FB**

Abb. 100 —— Reichsbanknote zu 500 Milliarden Mark als Überdruck auf 5.000 Mark vom 15. März 1923, HMF.MP00394.

Abb. 101 —— Reichsbanknote zu 50 Billionen Mark, 10. Februar 1924, Deutsche Bundesbank, Geldscheinsammlung, K07178.

Frankfurter Gold

Bereits während des Ersten Weltkrieges mussten die Frankfurterinnen und Frankfurter neben der erschwerten Lebensmittelversorgung auch die Teuerung der Apfelweinpreise hinnehmen. Der Apfelwein war erst seit der Jahrhundertwende zum Frankfurter Nationalgetränk aufgestiegen. Obwohl er in Frankfurt zwar schon seit mehreren hundert Jahren gekeltert wurde, galt er als das Getränk der „armen Leute", da er wesentlich günstiger als Traubenwein war. So dominierte auch in Frankfurt der reguläre Weinanbau. Seit den 1870er-Jahren wütete auf den Weinbergen Deutschlands die aus den USA eingeschleppte Reblaus und zerstörte einen Großteil der Weinanbauflächen. Um 1900 gab es im Frankfurter Stadtgebiet keine eignen Weinberge mehr und auf den ehemaligen Weinanbauflächen wurden Apfelbäume gepflanzt, da der Apfelanbau auch steuerliche Vorteile mit sich brachte.

1916 war das Keltern von Apfelwein durch den Präsidenten des Kriegsernährungsamtes in Berlin, Adolf-Max Batocki-Friebe, verboten worden, stattdessen wurde aus den Äpfeln Gelee für die Frontversorgung hergestellt. Daraufhin klagte der „Frankfurter Generalanzeiger" in einem Gedicht im Oktober 1916:

„In Sachsenhäuser Stoßseufzer.
Batoschki, o Batotschki von der Spree,
wie tust Du in der Seele ,uns am Main' so weh!
Was muss man hören, Gottverdeppel da?
Für unseren ,Stoff' sind keine Aeppel da?
Ach hättest Du das Podagra, die Gicht
Behüte Gott, ich wünsch Dir so was nicht –
Du wüsstest, dass in Form von Flüssigkeit
Der Apfel gegen düstere Stimmung feit,
Dass er ein ,Hebe-Zeug' für Optimismus,
dass Medizin er für den Rheumatismus.
Batotschki, wir sind ernstlich bös mit Dir,
und wenn Du sagst: ,Trinkt Wasser oder Bier!'
Ach, diesen ,Paragraphen', diese Trinkerphilosophie
Vergisst ein echter Sachsenhäuser Dir wohl nie.
Er lässt der Tränen Ströme freien Lauf,
er hängt den Bembel an den Nagel hoch hinauf
und spricht: Wie kann denn nur ein Mensch so sein,
und nichts verstehen ,tun' vom Aeppelwein
Ich glaube fast, die wollen uns veräppeln
Mit lauter Aeppel-Marmelade päppeln,
das ganze Sprechorgan damit verkleistern uns.
Mit was soll'n wir dann krätschen und begeistern uns?"

Der aus dem Vorjahr noch verfügbare Apfelwein kostete im Oktober 1916 pro Schoppen 25 Pfennig. Bis zum Januar 1918 stiegen die Preise pro Schoppen auf 38 Pfennig und lagen im September 1919 schon bei 70 Pfennig. Zum Vergleich: Ein Kellner verdiente in einer Apfelweinwirtschaft etwa acht Mark am Tag. In Sossenheim und Höchst kam es zum Apfelweinboykott, als der Preis auf über 1,80 Mark pro Schoppen stieg. Die Höchster Vereine blieben ihren Lokalen für elf Wochen fern, bis die Wirte die Preise wieder auf 1,50 Mark senkten. Mit der steigenden Inflation konnte diese Preisstabilität jedoch nicht gehalten werden. Im Januar 1923 kostete der Schoppen 50 Mark, Ende März 300 Mark, Anfang August 35.000 Mark und auf dem Höhepunkt der Inflation im Herbst 1923 schließlich 200 Milliarden Mark. **NA**

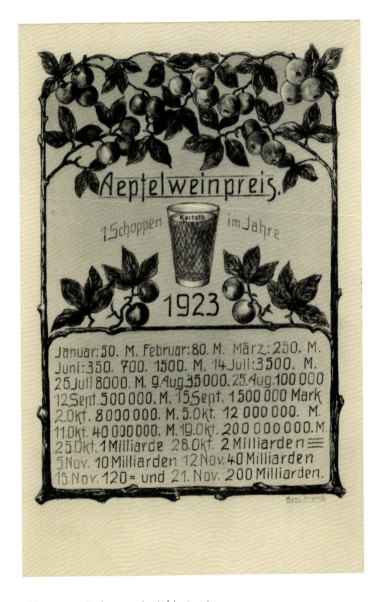

Abb. 102 —— Postkarten zu den Apfelweinpreisen während der Inflation, Frankfurt und Hofheim um 1923, Foto: Institut für Stadtgeschichte Frankfurt.

„Inflationskleid"

Auf den ersten Blick mag ein aus Geldscheinen gefertigtes Kleid wie eine Kostbarkeit erscheinen. Der Wert des „Inflationskleides" ergibt sich jedoch nicht aus dem Wert der Geldscheine, sondern aus seiner Einzigartigkeit, denn für die Fertigung wurden Notgeldscheine verwendet, die schon bei der Entstehung des Kleides um 1923 völlig wertlos waren.

Aufgebracht wurden die Scheine an einem textilen, knielangen Kleid mit Rundhalsausschnitt und abgeschnittenen Ärmeln, das mit Metallverschlüssen an der Rückseite geschlossen werden konnte. Die Scheine wurden maschinell angenäht und einzelne Scheine, die sich gelöst hatten, nachträglich wieder mit Handstichen befestigt. Die Geldscheine auf dem dazugehörigen Strohhut wurden aufgeklebt und darüber mit einer Stecknadel ein Papier mit der Aufschrift „Inflation" befestigt.

Verwendet wurde fast ausschließlich Papiergeld des Deutschen Reichs mit Werten von 5.000 bis einer Milliarde Mark. Mit der Währungsstabilisierung im November 1923 entsprachen eine Billion Mark nur einer neu eingeführten Rentenmark. Der Rock besteht am Saum aus 20.000 Mark-Scheinen vom 20. Februar 1923, darüber liegen 10.000 Mark-Scheine vom 19. Januar 1922, 5.000 Mark-Scheine vom 2. Dezember 1922, 100.000 Mark-Scheine vom 1. Februar 1923, erneut 5.000 Mark-Scheine und 20.000 Mark-Scheine. Die Taille wurde aus kleinen Scheinen zu 20.000 Mark vom 9. August 1923 gestaltet und auf der Brust prangen übereinander zwei Scheine mit dem Wert von je zwei Millionen Mark aus dem Juli 1923, darunter auch ein Notgeldschein der Stadt Frankfurt. Die restlichen Scheine sind unregelmäßig angeordnet. Der Hut wurde mit 5.000, 1.000 und 1 Milliarde Mark Scheinen beklebt.

Wofür das Kleid gefertigt wurde, lässt sich nur erahnen. Möglich ist, dass sich die Trägerin zur Fastnacht als „Inflation" verkleidet hatte, worauf auch der am Hut befestigte Zettel hindeutet. Nach dem Ersten Weltkrieg und der Inflation blühte das närrische Treiben in Deutschland wieder auf, wie die Sossenheimer Zeitung vom 1. Februar 1925 berichtet:

„Indessen der Krieg ging vorüber und von den Nachkriegsjahren wich allmählich die Schwere der Not. Und damit stellte sich mit jedem Jahr wachsend das alte karnevalistische Treiben wieder ein. Die Notjahre brachten manche Rückschläge, aber schon das Vorjahr ließ erkennen, wie schwer es sein würde, den Karneval auf Dauer niederzudrücken. Die Not der vergangenen Jahre schien nach einem Ventil zu suchen, durch das sich lang zurückgehaltene Lebensfreude breiter Schichten Bahn zu schaffen versuchte. [...] So viele Masken- und Kostümbälle wie in diesem Jahre 1925 hat man in keiner Vorkriegszeit gekannt. [...] Woher das Geld kommt, wissen außer den Pfandhäusern auch die Lebensmittelgeschäfte. Nicht nur der Kauf des Notwendigen geht um des karnevalistischen Vergnügens willens zurück, auch der Kauf auf Borg sucht sich wieder breit zu machen. Kein Wunder, wenn es am Aschermittwoch wieder für längere oder kürzere Zeit einen recht ausgewachsenen körperlichen und moralischen Katzenjammer geben sollte." **NA**

Abb. 103 —— Trägerin im „Inflationskleid", Fotografie um 1923, Foto: Museen der Stadt Hanau, Schloss Philippsruhe, Kai Jakob.

Abb. 104 —— „Inflationskleid", um 1923, Foto: Museen der Stadt Hanau, Schloss Philippsruhe, Kai Jakob.

Der König der Inflation: Hugo Stinnes

Der Unternehmer Hugo Stinnes (1870–1924) galt zeitgenössisch vielfach als der König der Inflation. Diesen zweifelhaften Ehrentitel verdankte er seiner Strategie, während der Inflation in großem Stil Industrieunternehmen mit Schwerpunkt im Montanbereich aufzukaufen. Bei seinem Tod besaß er Beteiligungen an mehr als 4.500 Betrieben. Dieses Firmenimperium hatte er größtenteils durch billige Kredite in Inflationsgeld finanziert. Die öffentliche Wahrnehmung der Jahre zwischen 1918 und 1924 sah in Hugo Stinnes daher den größten aller Krisengewinner. Er starb am 10. April 1924 mit nur 54 Jahren an den Folgen einer missglückten Galleoperation. Sein kreditfinanziertes Unternehmenskonglomerat geriet nach der erfolgreichen Währungsstabilisierung 1923/24 rasch in Schwierigkeiten und überlebte seinen Gründer nur um wenige Monate.

Hugo Stinnes entstammte einer Unternehmerfamilie aus Mühlheim an der Ruhr, die in Handel, Bergbau und Schwerindustrie tätig war. Mit 23 Jahren gründete er aus dem Familienunternehmen die spätere „Hugo Stinnes GmbH". Er expandierte nach Europa und Übersee, wobei die Verflechtungen von Kohle, Eisen, Stahl, Eisenbahn und Energie im Vordergrund stand. Hierzu kooperierte er oft mit dem Stahlunternehmer August Thyssen (1842–1926), mit dem zusammen er 1902 auch die Mehrheit an den Rheinisch-Westfälischen Elektrizitätswerken (RWE) erwarb. Im Ersten Weltkrieg verlor Stinnes seinen gesamten ausländischen Besitz und seine Handelsflotte. Im Reich hingegen war er einer der wichtigsten Kriegslieferanten für das deutsche Heer.

Nach dem Ersten Weltkrieg fielen Stinnes zunehmend wichtige politische Rollen zu. So handelte er 1918 als Verhandlungsführer der deutschen Arbeitgeber mit dem Gewerkschaftsführer Carl Legien (1861–1920) das nach ihnen beiden benannte Stinnes-Legien-Abkommen aus. Damit wurden die Gewerkschaften als Tarifpartner anerkannt, Betriebsräte eingeführt und der Achtstundentag von den Unternehmern akzeptiert. Umgekehrt verzichteten die Arbeitnehmervertreter auf weitergehende Forderungen wie die Sozialisierung der Betriebe. 1920 wurde Stinnes Reichstagsabgeordneter der rechtsliberalen DVP, hatte aber auch gute Verbindungen in das deutschkonservative Lager.

Als Gegner des Versailler Vertrags bekämpfte er die sogenannte Erfüllungspolitik und hielt die Reparationsforderungen an Deutschland für die eigentliche Ursache der Inflation. Als führender Unternehmer Deutschlands wurde er 1923 während der Besetzung des Ruhrgebiets offizieller Sprecher der dortigen Industrie. In der öffentlichen Wahrnehmung war Stinnes aufgrund der Verquickung von Industrie und Politik das klassische Feindbild der politischen Linken. Er war vielfach das Thema kritischer und satirischer Darstellungen. **FB**

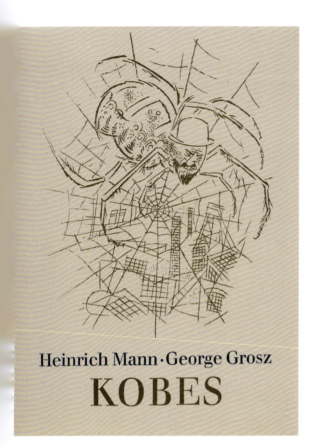

Abb. 105 —— Titelbild der 1925 erstveröffentlichten Novelle „Kobes" über Stinnes von Heinrich Mann. Heinrich Mann/George Grosz, Kobes, Berlin/ Weimar 1969, HMF.M.2021.012.

Abb. 106 —— „Die Weitblickenden", Karikatur von Thomas Theodor Heine, Simplicissimus, Nr. 49 vom 1. März 1922, Foto: Klassik Stiftung Weimar, Herzogin Anna Amalia Bibliothek.

"Wunder" der Rentenmark

Die Mark hatte im August 1923 den Zustand der „Repudiation", der Verweigerung der Annahme wegen geringer Kaufkraft, erreicht. In schier auswegloser Situation trat der parteilose Reichskanzler Wilhelm Cuno zurück. Die Nachfolge sollte der wirtschaftsliberale Politiker Gustav Stresemann antreten, der Vorsitzende der Deutschen Volkspartei (DVP). Wenn überhaupt jemandem, dann trauten die Zeitgenossen ihm zu, die enormen aktuellen Probleme zu bewältigen. Am 13. August 1923 ernannte Reichspräsident Friedrich Ebert ihn zum neuen Reichskanzler. Stresemanns Regierung stützte sich auf eine breite Parteienkoalition aus SPD, DVP, der Deutschen Demokratischen Partei (DDP) und dem Zentrum. Stresemann hatte drei große ineinander verbundene Krisen gleichzeitig zu bewältigen. Den Kampf gegen die französische Besetzung des Ruhrgebiets, Aufruhr und Separatismus in vielen Gebietes des Reiches sowie die Hyperinflation mit Hunger und Arbeitslosigkeit. Die höchst unpopuläre Entscheidung zur Beendigung des „Ruhrkampfs" im September 1923 war eine Voraussetzung für die Währungsreform. Ein Dauerthema seiner Kanzlerschaft blieben Unruhen mit separatistischer Tendenz. Die Hyperinflation bewirkte Unsicherheiten über den Wert von Steuern und staatlichen Zahlungen, was regional zu Gefühlen der Vernachlässigung und Übervorteilung führte. Die Steuern gingen nach der Reform Matthias Erzbergers an die Zentralregierung, wobei in der Peripherie das Gefühl aufkam, daß die Ausgaben angeblich jenen zugutekamen, die der Zentrale am nächsten standen. Im Rheinland wurden die Separatisten von Frankreich unterstützt, in Sachsen, Thüringen und Hamburg strebte die KPD nach der Macht und in München putschte Adolf Hitler im November 1923 erfolglos gegen die Reichsregierung.

Zum Stoppen der Hyperinflation bereitete die Regierung Stresemann die Durchführung einer Währungsreform per Ermächtigungsgesetz vor, um das Verfahren dem langwierigen Gesetzgebungsverfahren zu entziehen. Die Grundidee war, die Deckung des Geldumlaufs durch etwas Anderes als Gold zu gewährleisten. Ein wichtiger Gedanke dafür stammte von dem Volkswirt, Bankier und überzeugten Antisemiten Karl Helfferich. Er stellte dem Kabinett den Plan einer Roggenwährung zur Überwindung der Hyperinflation vor. Reichsfinanzminister Rudolf Hilferding hingegen plädierte für einen drastischen Währungsschnitt zur Beseitigung der Überliquidität mit der Überzeugung, dass es weniger auf die Deckung der Währung ankäme, als auf eine Papierwährung, bei der der Staat mit starker Hand die Papiergeldmenge beschränkt. Der folgende Finanzminister Hans Luther nahm die Idee einer Roggenmark auf, die per Hypothek auf künftige Bodenerträge gedeckt war, ähnlich den Hypothekenpfandbriefen. Damit wurde suggeriert, dass die neue Deckung eine weitere Inflation unmöglich mache. Man legte der Rentenmark also eine Deckung zugrunde, die praktisch keinerlei Wert hatte, weil sie völlig illiquide war. Die Errichtung der Rentenbank wurde per Gesetz zum 15. Oktober 1923 beschlossen. Die neue Rentenmark kam vier Wochen später zur Ausgabe. Ihr Kurs wurde im Verhältnis 1 Dollar zu 4,2 Billionen Mark und somit einer Billion Mark zu einer Rentenmark zu einer Goldmark festgesetzt. Dies erweckte in der Öffentlichkeit den Eindruck, die „gute alte Mark" sei wieder da.

Verwalter des knappen neuen Geldes war der studierte Volkswirt Hjalmar Schacht, der am 12. November 1923 Reichswährungskommissar und am 22. Dezember 1923 Reichsbankpräsident wurde. Die gesamte Staatsschuld konnte 1924 für insgesamt 183 Millionen Rentenmark abgelöst werden. Die nachhaltige Stabilisierung erfolgte durch Entlassungen, Lohnkürzungen und einen ausgeglichenen Haushalt. Schacht plädierte für eine strikte Ausgabendisziplin. Folge der Stabilisierung

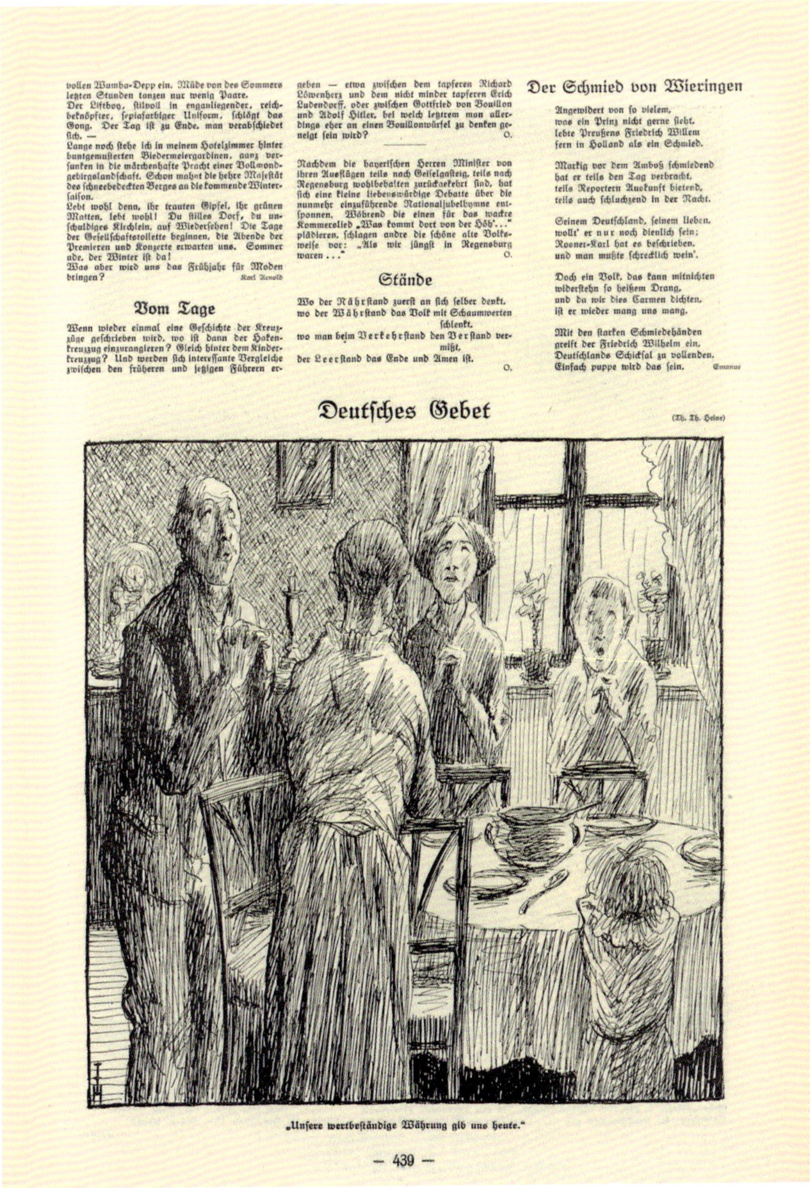

vollen Wumba-Depp ein. Müde von des Sommers letzten Stunden tanzen nur wenig Paare.
Der Liftboy, stilvoll in enganliegender, reichbeknöpfter, sepiafarbiger Uniform, schlägt das Gong. Der Tag ist zu Ende, man verabschiedet sich. —
Lange noch stehe ich in meinem Hotelzimmer hinter buntgemusterten Biedermeiergardinen, ganz versunken in die märchenhafte Pracht einer Vollmondgebirgslandschaft. Schon mahnt die hehre Majestät des schneebedeckten Berges an die kommende Wintersaison.
Lebt wohl denn, ihr trauten Gipfel, ihr grünen Matten, lebt wohl! Du stilles Dorf, du unschuldiges Kirchlein, auf Wiedersehen! Die Tage der Gesellschaftstoilette beginnen, die Abende der Premieren und Konzerte erwarten uns. Sommer ade, der Winter ist da!
Was aber wird uns das Frühjahr für Moden bringen?
Karl Arnold

Vom Tage

Wenn wieder einmal eine Geschichte der Kreuzzüge geschrieben wird, wo ist dann der Hakenkreuzzug einzurangieren? Gleich hinter dem Kinderkreuzzug? Und werden sich interessante Vergleiche zwischen den früheren und jetzigen Führern ergeben — etwa zwischen dem tapferen Richard Löwenherz und dem nicht minder tapferen Erich Ludendorff, oder zwischen Gottfried von Bouillon und Adolf Hitler, bei welch letztrem man allerdings eher an einen Bouillonwürfel zu denken geneigt sein wird?
O.

Nachdem die bayerischen Herren Minister von ihren Ausflügen teils nach Geiselgasteig, teils nach Regensburg wohlbehalten zurückgekehrt sind, hat sich eine kleine liebenswürdige Debatte über die nunmehr einzuführende Nationaljubelhymne entsponnen. Während die einen für das wackre Kommerslied „Was kommt dort von der Höh'..." plädieren, schlagen andre die schöne alte Volksweise vor: „Als wir jüngst in Regensburg waren ..."
O.

Stände

Wo der Nährstand zuerst an sich selber denkt,
wo der Währstand das Volk mit Schaumwerten schlenkt,
wo man beim Verkehrstand den Verstand vermißt,
der Leerstand das Ende und Amen ist.
O.

Der Schmied von Wieringen

Angewidert von so vielem,
was ein Prinz nicht gerne sieht,
lebte Preußens Friedrich Willem
fern in Holland als ein Schmied.

Markig vor dem Amboß schmiedend
hat er teils den Tag verbracht,
teils Reportern Auskunft bietend,
teils auch schluchzend in der Nacht.

Seinem Deutschland, seinem lieben,
wollt' er nur noch dienlich sein;
Rooner-Karl hat es beschrieben,
und man mußte schrecklich wein'.

Doch ein Volk, das kann mitnichten
widerstehn so heißem Drang,
und da wir dies Carmen dichten,
ist er wieder mang uns mang.

Mit den starken Schmiedehänden
greift der Friedrich Wilhelm ein,
Deutschlands Schicksal zu vollenden.
Einfach puppe wird das sein.
Emanuel

Deutsches Gebet

(Th. Th. Heine)

„Unsere wertbeständige Währung gib uns heute."

— 439 —

Abb. 107 —— „Deutsches Gebet", Karikatur von Thomas Theodor Heinrich, Simplicissimus, Nr. 35 vom 26. November 1923, S. 439, Foto: Klassik Stiftung Weimar, Herzogin Anna Amalia Bibliothek.

war ein Sinken der Reallöhne und ein Sinken der Produktion. Die Arbeitslosigkeit im Reich stieg im Jahr 1924 auf nie dagewesene 13,5 Prozent. Allein die Reichsverwaltung entließ 330.000 Personen und bei der Reichsbahn wurden im Mai 1924 40 Prozent der Arbeiterinnen und Arbeiter entlassen. Die Abnahme der Reallöhne führte bei der arbeitenden Bevölkerung zur Verelendung bis nahe an den Hunger. Bei höheren Angestellten und Beamten sanken die Realgehälter auf fast ein Drittel der Vorkriegszeit. Am 30. August 1924 löste die Reichsmark die Rentenmark im Kurs 1:1 ab und nahezu gleichzeitig wurde der Dawes-Plan vereinbart, worin die deutschen Reparationszahlungen auf eine erträgliche Basis gestellt wurden. Die Wirtschaft erholte sich. Das Aufwertungsgesetz von 1925 wertete zudem Spareinlagen und andere Geldansprüche über eine Goldmarktabelle auf. Auf diese Weise wurde den Sparerinnen und Sparern ein kleiner Teil ihrer Verluste erstattet. **NA, FB**

Abb. 108 —— Krisis, Karikatur von Arthur Johnson, Kladderadatsch, Nr. 40 vom 25. November 1923, HMF.

Abb. 109 —— Geldscheinentwürfe der rheinischen Separatisten, Koblenz 1923, Staatliche Museen zu Berlin.

Abb. 110 —— Bankhaus Metzler, Frankfurt, Ausschnitt aus dem Kontokorrentbuch 1923, Stadtarchiv Offenbach, Nr. 569 Foto: HMF.

Abb. 111 —— Rechenwalze (Zylindrischer Rechenschieber), Albert Nestler AG, Lahr um 1925, HMF.M.2021.010.

Abb. 112 —— Banknote der USA zu einem Dollar, Washington 1923. HMF.

Abb. 113 —— Tyrann Dollar! Das vielgenannte Devisenzimmer der Berliner Börse während der Festsetzung des Kurses, Berliner Illustrirte Zeitung Nr. 27 vom 8. Juli 1923, S. 523, HMF.

Abb. 114 —— Gutscheine über 50 cbm Gas der Frankfurter Gasgesellschaft, Papier, Frankfurt 1. November 1923, HMF.MP00331.

Abb. 115 —— Gutschein über 100 Kilowattstunden elektrische Energie der Städtischen Elektrizitätswerke, Papier, Frankfurt November 1923, HMF.MP00337.

Abb. 116 —— Der Weihnachtsmann in der Klemme, Karikatur, Kladderadatsch, Nr. 49 vom 9. Dezember 1923, HMF.

Der Weihnachtsmann in der Klemme

„Ja, liebe Kinder, bescheren kann ich Euch in diesem Jahre nichts. Mein himmlisches Geld wird ebensowenig als wertbeständig von den Kaufleuten angesehen wie die Papiermark."

Abb. 117 —— Reichsbanknote zu Hundert Billionen Mark, Muster, Berlin 25. Februar 1923, Deutsche Bundesbank, Geldscheinsammlung K07803.

Abb. 118 —— Reichsbanknote zu Hundert Reichsmark, Berlin 11. Oktober 1924, HMF.MP00399.

Abb. 119 —— Valuta-Fasching in Wien, Karikatur von Erich Schilling, Simplicissimus, Nr. 48 vom 25. Februar 1924, Foto: Klassik Stiftung Weimar, Herzogin Anna Amalia Bibliothek.

Stuttgart München 25. Februar 1924   Preis 30 Pfennig   28. Jahrgang Nr. 48

SIMPLICISSIMUS

Begründet von Albert Langen und Th. Th. Heine

Valuta-Fasching in Wien

(Zeichnung von C. Schilling)

„Jessas, die deutsche Mark! Ja, komm nur einer, Herzerl, jetzt derfst wieder mitdrahn!"

Gustav Stresemann (1878–1929)

Der Sohn eines Berliner Bierhändlers studierte Literatur, Geschichte und Nationalökonomie in Berlin und Leipzig. Nach seiner Promotion 1901 wurde er Vertreter und Sprecher regional organisierter Wirtschaftsverbände. Als Kandidat der Nationalliberalen zog er 1907 erstmals als Abgeordneter in den Reichstag ein. Im Ersten Weltkrieg stand er auf Seite der Annexionisten, die auf Gebietsforderungen pochten und auch den Vertrag von Versailles lehnte er zunächst ab. 1918 war er Mitbegründer und Vorsitzender der national- und wirtschaftsliberalen Deutschen Volkspartei (DVP), die 1920 mit 65 Sitzen zu den Gewinnern der Reichstagswahl gehörte. In der Folgezeit wandelte sich er sich zum „Vernunftrepublikaner" und Realpolitiker. Innenpolitisch akzeptierte er die Weimarer Republik und außenpolitisch den durch den Versailler Vertrag geschaffenen Zustand. Seine Partei war in mehreren Reichsregierungen vertreten und Stresemann selbst galt zunehmend als ernsthafter Kanzlerkandidat.

Auf dem Höhepunkt der Krise des Jahres 1923 ernannte Reichspräsident Friedrich Ebert Gustav Stresemann am 13. August dann tatsächlich zum Reichskanzler.

Seine Regierung stützte sich auf eine breite Parteienkoalition aus SPD, DVP, DDP, Zentrum und der Bayerischen Volkspartei (BVP). Stresemann schuf die gesetzlichen Grundlagen für die Einführung der Rentenmark, die im November 1923 die Hyperinflation beendete.

Seine Zeit als Regierungschef war nur kurz: bereits am 22. November 1923 trat Gustav Stresemann nach einer verlorenen Vertrauensabstimmung als Reichskanzler zurück. Er blieb jedoch bis zu seinem Tod 1929 in wechselnden Regierungen Reichsaußenminister. In dieser Funktion erreichte er wichtige diplomatische Erfolge für das Deutsche Reich. Dazu gehörte neben dem Dawes-Plan zur Regelung der Reparationsfragen von 1924 vor allem die Locarno-Verträge von 1925. Diese normalisierten die Beziehungen zu den westeuropäischen Siegermächten des Ersten Weltkriegs und ermöglichten den Beitritt Deutschlands zum Völkerbund. Die von Stresemann betriebene Versöhnungspolitik mit Frankreich führte dazu, dass er 1926 zusammen mit seinem französischen Außenministerkollegen Aristide Briand den Friedensnobelpreis erhielt. **FB**

Abb. 120 — „Der Diktator Stresemann", Karikatur von Werner Gahmann, Kladderadatsch, Nr. 43 vom 28. Oktober 1923, HMF.

Abb. 121 — Aus den Tagen des Regierungswechsels, Berliner Illustrirte Zeitung, Nr. 33 vom 19. August 1923, S. 647, HMF.

„Die Gefahren der Münchner Bräukeller"

Die Jahre nach dem Ersten Weltkrieg waren von politischen Unruhen und Separatismusbestrebungen geprägt. Ausgerechnet im traditionsbewussten und promonarchistischen Bayern hatten die Lebensmittelrationierungen während des Krieges eine tiefe Unzufriedenheit und das Gefühl der Übervorteilung geschürt, was zu einer linken Revolution führte. In der Nacht vom 7. auf den 8. November 1919 war das Mathäser-Bräu, in dessen Festsaal sich mehr als 1.000 Menschen versammelt hatten, zum Schauplatz der Konstituierung des Arbeiter- und Soldatenrates unter Kurt Eisner (USPD) geworden. Doch schon im Januar 1919 musste Eisner als Regierungschef bei den Landtagswahlen eine schwere Niederlage einbüßen. Als er am 21. Februar auf dem Weg in den Landtag war, um seinen Rücktritt zu verkünden, wurde er vom Reserveleutnant Anton Graf von Arco auf Valley erschossen. Nach Eisners Tod wurde die Münchner Räterepublik ausgerufen, die bereits im April 1919 durch Freikorpssoldaten gewaltsam zerschlagen wurde. Mehr als 600 Menschen starben während der Kampfhandlungen.

In der Folge erlangten die Rechten im Freistaat zunehmend an Einfluss. Der ab 1920 amtierende, konservative Ministerpräsident Gustav Ritter von Kahr sah Bayern nun als „Ordnungszelle" im „marxistischen" Deutschland. In diesem Klima gab Adolf Hitler am 8. November 1923 mit einem Schuss in die Decke des Festsaals des Bürgerbräukellers den Startschuss zum „Hitler-Putsch". Vorher am Abend hatte von Kahr vor rund 1.900 Anwesenden eine Rede gehalten, als Hitler, in Begleitung von Erich Ludendorff und SA-Kommandant Hermann Göring, den Saal stürmte. Hitler kletterte auf einen Stuhl, feuerte in die Decke und warnte die Anwesenden, dass der Bräukeller von der SA umzingelt sei und rief die „nationale Revolution" aus. Am nächsten Tag um 12 Uhr marschierten die Putschisten zur Feldherrnhalle, wo der Putschversuch niedergeschlagen wurde. Mehrere Putschisten, vier Polizisten und ein Unbeteiligter starben. Die NSDAP wurde infolgedessen im gesamten Reich verboten.

Aufgrund seines Ausgangsortes ist der Putschversuch auch als „Bürgerbräu"- oder „Bierkeller Putsch" bekannt und wird im englischen Sprachraum allgemein als *Beer Hall Putsch* bezeichnet. Dass die bayerischen Wirtshäuser immer wieder im Zentrum von politischen Ereignissen standen, kommentierte die am 25. November 1923 im Kladderadatsch veröffentliche Karikatur von Oskar Garvens mit dem Titel „Die Gefahren der Münchner Bräukeller". 1939 entging Hitler im Bürgerbräukeller, in dem er ab 1933 jährlich am 8. November eine Rede hielt, nur knapp einem Attentat. Georg Elser hatte eine Bombe platziert, die erst detonierte, als Hitler bereits die Versammlung verlassen hatte. Sie tötete sieben NSDAP-Mitglieder, eine Kellnerin und verletzte rund 60 Menschen. Der vom Kladderadatsch prophezeite monarchistische Umsturzversuch im Hofbräuhaus, dem Gründungsort der NSDAP im Jahr 1920, blieb jedoch aus. **NA**

Abb. 122 —— „Die Gefahren der Münchener Bräukeller", Karikatur von Oskar Garvens, Kladderadatsch, Nr. 46 von 25. November 1923, HMF.

„Zu spät"
Satire über die Einführung der Rentenmark ——

An illustrierten politischen Satireblättern herrschte im Jahr 1923 kein Mangel. Auf rechter Seite stand der „Kladderadatsch", der sich in die deutschnationale Richtung begeben hatte. Die Position der SPD und der Arbeiterschaft vertrat „Der Wahre Jakob", der sich nach einer Insolvenz zu „Lachen Links" umbenannte. Demokratische Ansichten beinhaltete der „Ulk" als Beilage des Berliner Tageblatts. Prominenteste politisch-satirische Wochenschrift war der Münchener „Simplizissimus". Sein Standpunkt war demokratisch und antifeudal. Zu seinen Urhebern gehörten die wichtigsten Literaten und Zeichner ihrer Zeit. Das Blatt wandte sich an ein kulturell-literarisches Publikum und gehörte zu den wenigen energischen Fürsprechern der Weimarer Republik.

Die Ausgabe des Simplicissimus vom 29. Oktober 1923 ist ein Meisterwerk des zeichnerischen Minimalismus. Unter grauen Hügeln begraben liegt ein menschliches Skelett, notdürftig bekleidet mit einer alten Hose. Darüber steht in Form der Sonne eine Mark in der suggerierten Form eines Sonnenaufgangs. Diese Sonne bescheint ein totes unfruchtbares Land. „Die neue Währung kommt" ist oben zu lesen, „zu spät" steht zuunterst in kleineren Typen. Die Aussage ist ebenso klar wie eindeutig. Zum Zeitpunkt der Währungsreform ist das Deutsche Reich ein totes Land. Umgekehrt drückt das Bild aus, dass ein früheres energisches Handeln vielleicht das Schlimmste verhindert hätte. Doch so nahm das Verhängnis noch drei Wochen lang seinen Lauf:

Das vorliegende Titelbild besaß zum Zeitpunkt seines Erscheinens höchste Aktualität. Am 13. Oktober 1923 war das Ermächtigungsgesetz in Kraft getreten, das am 15. Oktober zur Gründung der Rentenbank führte. Deren Aufgabe war die Ausgabe der neuen Rentenmark unter Stabilisierung des Reichshaushalts. Am 17. Oktober konnte Finanzminister Hans Luther per Verordnung zur Entlastung des Haushalts die Entlassung von einem Viertel aller Beschäftigten im öffentlichen Dienst ankündigen. Die Rentenmarkscheine datieren vom 1. November 1923, konnten aber aufgrund von Druckerstreiks erst ab 10. November gedruckt und dann ab 15. November ausgegeben werden. Eine neue Rentenmark entsprach dabei 1 Billion der alten Markwährung. Parallel zur Einführung der Rentenmark gab die Reichsbank ab dem 1. November Reichsbanknoten zu einer, fünf und zehn Billionen Mark heraus. Diese entsprachen dann einer, fünf bzw. zehn Rentenmark. Der Wechselkurs der Mark zum Dollar wurde bei einem Kurs von 4,2 Billionen Mark für einen Dollar festgesetzt. Damit entsprach ein Dollar 4,20 Rentenmark. Dieses Verhältnis war psychologisch sehr bedeutsam, weil dies der Vorkriegswechselkurs der alten Mark zum Dollar gewesen war.

Auf diese Anknüpfung auf die Zeit vor dem Ersten Weltkrieg nimmt auch der Verkaufspreis dieser Ausgabe des „Simplizissimus" Bezug: er betrug nämlich genau „30 Pfennig des neuen Geldes, dessen Name zu diesem Zeitpunkt noch niemand so recht kannte. 30 Pfennig waren der Vorkriegspreis der Zeitschrift, womit eine Rückkehr zu den alten Zeiten der Geldwertstabilität vorgezeichnet werden sollte. **FB**

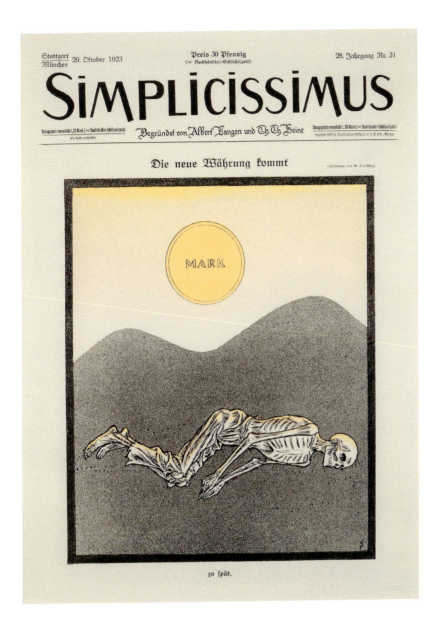

Abb. 123 —— „Die neue Währung kommt zu spät",
Karikatur von Erich Schilling, Simplicissimus Nr. 31
vom 29. Oktober 1923, HMF.

Abb. 124 —— 1 Mark, Silber,
Deutsches Reich 1924, HMF.

Die Aufwertung 1925

Im Laufe der Inflation zahlten viele Schuldnerinnen und Schuldner, vor allem Immobilienbesitzende, ihre Hypothekenschulden in wertlosem Papiergeld zurück. Die Justiz hielt an dem Nominalprinzip „Mark = Mark" fest. Es lag nicht im Interesse des Staates, die Vernichtung von Geldvermögen zu kompensieren. Dies änderte sich erst, als das Reichsgericht in Leipzig am 28. November 1923 verlangte, dass der zahlungsmäßige Betrag einer Schuld dem veränderten Geldwert anzupassen und somit „aufzuwerten" sei.

Das Aufwertungsgesetz vom 16. Juli 1925 schuf die rechtlichen Rahmenbedingungen für den Umgang mit alten Schulden. Gehortetes Bargeld und Sichteinlagen wurden nicht aufgewertet. Besitzerinnen und Besitzer von Unternehmensanleihen hatten einen Aufwertungsanspruch von 15 Prozent. Hypotheken, Pfandbriefe und Obligationen erfuhren eine Aufwertung von 25 Prozent auf die ursprüngliche Schuldsumme. Einen deutlich geringeren Ablösungsanspruch gab es bei öffentlichen Anleihen. Für Spareinlagen und andere Geldansprüche galt eine Goldmarktabelle. Je älter die Spareinlage oder der Rechtstitel war, desto höher stieg nach der Tabelle die Goldmarkquote. Anleiheschulden des Reiches von 70 Milliarden Mark wurden mit etwa 1,75 Milliarden Mark abgelöst.

Dabei wurden 12,5 Prozent des Anleihebetrags in einer Auslosung über 30 Jahre zurückerstattet. Die Anleihen wurden eingezogen und es wurden Ablöseanleihen vom Reich und Körperschaften ausgegeben.

Da jedes Schuldverhältnis eine Gläubigerin oder einen Gläubiger und eine Schuldnerin oder einen Schuldner hat, ist es bei Inflation und Aufwertung stets der Fall, dass einer gewinnt und einer verliert. Die Geldentwertungsgewinne der Schuldnerinnen und Schuldner waren einer Steuer unterworfen.

Vergleichbare Maßnahmen gab es auch nach der zweiten Inflation. 1953 verabschiedete der Bundestag ein „Gesetz über die Entschädigung von Verlusten der Altsparer". Altsparerinnen und Altsparer bekamen nur 10 Prozent ihres Kontostands der Reichsmark vom 1. Januar 1940 in DM aufgewertet, da ja die Reichsmarkwährung 1948 nicht in die DM überführt wurde. Für Lebensversicherungen, Bausparverträge, Pfandbriefe und Industrie-Obligationen, die 1948 schon um 10 Prozent aufgewertet worden waren, trat eine Erhöhung der Aufwertungsquote auf 20 Prozent ein. Geldquelle für das Gesetz war der Lastenausgleich. **FB**

Literatur: Scholz, 2001.

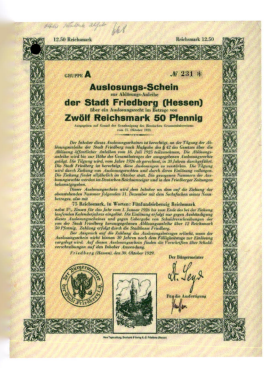

Abb. 125 —— Auslosungsschein der Stadt Friedberg über Zwölf Reichsmark 50 Pfennig vom 30. Oktober 1929, Privatbesitz, Foto: HMF.

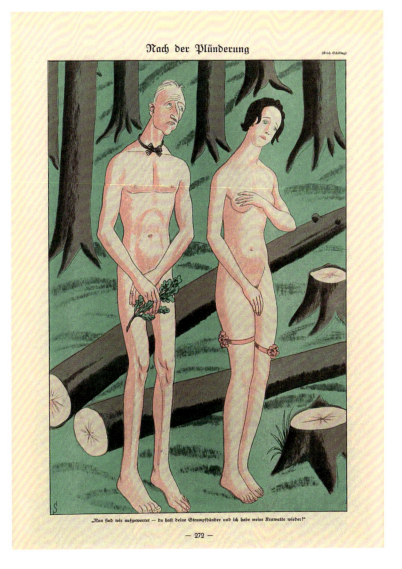

Abb. 126 —— „Nach der Plünderung". Satirische Darstellung zum Aufwertungsgesetz: Aufgrund der geringen Rückzahlungen konnten nur kleinste Kleidungsstücke erworben werden. Simplicissimus, Nr. 18 vom 3. August 1925, S. 272, Karikatur von Erich Schilling, Foto: Klassik Stiftung Weimar, Herzogin Anna Amalia Bibliothek.

Mark im Wandel

Die Nationalsozialisten beriefen von März 1933 bis 1939 erneut Hjalmar Schacht zum Reichsbankpräsidenten. Unter ihm wurden ab 1933 verdeckte Staatsschulden zur staatlichen Arbeitsbeschaffung und für die Rüstungsfinanzierung aufgenommen. Sie ermöglichten es, Staatsausgaben für Arbeitsbeschaffungsmaßnahmen und Aufrüstung ohne Bankkredite abzudecken. Der Staat hoffte, in der Zukunft seine Verbindlichkeiten mit Kontributionen besiegter Länder begleichen zu können. In der NS-Zeit stiegen auch der Bargeldumlauf von 1933 bis 1945 von 6 auf 76 Milliarden RM, die Geldmenge von 40 auf 320 Milliarden RM und die Reichsschuld von 14 auf 380 Milliarden RM. Die Inflation blieb eine Zeit lang durch Rationierungen und drastische Preis- und Lohnstopps unsichtbar. Erst als ab 1944 Waren zunehmend nur noch am Schwarzmarkt gehandelt wurden, zeigte sich, dass das Geld seine Funktionen weitgehend verloren hatte und fast wertlos war. Die deutschen Geldinstitute verzeichneten von 1938 bis 1944 einen Anstieg von 55,5 auf 237,4 Milliarden RM. Bargeldumlauf, Geldmenge, Einlagen der Geldinstitute und Reichsschuld stiegen um das Zwölf- bis über Zwanzigfache.

Nach Aufhebung von Preis- und Lohnstopp 1945 bestand durch Schulden und Kriegskosten ein erheblicher Geldüberhang. Die Ausgabe von alliiertem Besetzungsgeld erweiterte die Geldmenge. Lebensmittel und zivile Güter gab es nur noch auf Bezugsschein. Die Reichsmark verlor im besetzten Deutschland weitgehend ihre Funktion als Währung. Direkter Warentausch war an der Tagesordnung. Auf den Schwarzmärkten tauchten verschwundene Güter zum Zwanzigfachen bis Hundertfachen ihres offiziellen Preises wieder auf. Gefragte Güter waren Kaffee, Butter, Margarine, Seife, Waren aus Care-Paketen, Nylonstrümpfe, Glühbirnen und Radios. Die Geldfunktionen übernahmen Zigaretten – es entstand eine Zigarettenwährung. Deren Preise bewegten sich zwischen drei und 40 RM pro Stück. Synonym für die amerikanische Zigarette war die filterlose „Lucky Strike". Deutsche Zigaretten kosteten zwischen drei bis 12 RM bei einem Stundenlohn von etwa 95 Pfennig.

Bereits seit 1944 fassten die Alliierten Pläne zur Umsetzung einer Währungsreform. Unter Führung der USA wurde am 20. Juni 1948 in den westalliierten Besatzungszonen die Deutsche Mark eingeführt und vier Tage später in der Ostzone die Mark der Deutschen Demokratischen Republik. Seit 1949 gehörte die DM zum Bretton Woods-System mit Bindung an den Dollar. Als dieses 1973 zusammenbrach, stieg in der Folge der Wert der DM zum Dollar.

Nach Jahrzehnten wirtschaftlichen Aufschwungs führte 1974 die sogenannte Ölkrise in Folge des Jom-Kippur-Krieges auch in Westdeutschland zu einer sogenannten Stagflation. Der Begriff ist die künstliche Wortbildung für eine Situation, in der sinkende Beschäftigungszahlen und sinkende Unternehmensgewinne mit steigender Inflation und steigender Arbeitslosigkeit zusammentreffen. Neue Ängste breiteten sich in Westdeutschland 1990 aus, als in Folge des Anschlusses der DDR dort ebenfalls die DM als Zahlungsmittel eingeführt wurde. Die Sorge galt dem Bestand der erfolgreichen Währung, während die Währungsunion im Osten von großen Hoffnungen begleitet wurde.

In Europa wurde seit 1970 planmäßig an der Gründung einer Einheitswährung gearbeitet, mit dem Ergebnis der Einführung des Euro 1999 als Buchgeld und 2002 als Bargeld. Die Aufgabe der stabilen DM blieb Gegenstand argwöhnischer Betrachtungen. Inzwischen befürwortet eine deutliche Mehrheit der Deutschen den Euro, auch dank geringer Inflationsraten. Diese lag von 2000 bis 2020 im Bereich zwischen

Abb. 127 —— Geldschein der DM-Währung zu 2 Mark, USA 1948. HMF.MP00003.

Abb. 128 —— Geldschein der Sowjetischen Besatzungszone zu 1000 Mark, Berlin 1948. Deutsche Bundesbank 1689.92.

null und zwei Prozent. Eine Kurzbeschreibung der Geschichte der deutschen Währung nach 1945 kennt nur wenige schwierige Jahre. Die DM war eine der weltweit stabilsten Währungen, anerkannte Reservewährung im Ausland, Leitwährung in Europa. Der Euro und das Europäische System der Zentralbanken wurden nach dem erfolgreichen Modell der DM errichtet. Der Euro gehört immer noch zu den stabilsten Währungen der Welt – die aktuellen inflationären Tendenzen sind ein weltweites Phänomen, kein singuläres Problem des Euro. Ein auch nur näherungsweise gezogener Vergleich mit der Hyperinflation der deutschen Währung 1923 verkennt die heutige Situation.

NA, FB

"Eine Stadt im Währungsfieber"
Frankfurt und die Einführung der D-Mark am 20. Juni 1948

Nathalie Angersbach

Nach dem Ende des Zweiten Weltkrieges lag neben zahlreichen deutschen Städten auch die deutsche Wirtschaft in Trümmern. Die während des Krieges eingeführten behördlichen Preisfestsetzungen hatten eine Inflation verdeckt, die Geldmenge war von 51 Milliarden Reichsmark Ende 1939 auf 160 Milliarden Reichsmark im Jahr 1944 angestiegen. Die hohe Staatsverschuldung, die 1945 bei ca. 380 Millionen Reichsmark lag, war vor allem mit der Notenpresse finanziert worden. Tauschgeschäfte und Schwarzhandel dominierten, obwohl diese offiziell verboten waren. Besonders gefragt waren amerikanische Zigaretten, die nun als Tauschmittel und Wertmesser anstelle von Geld dienten. Deutschland war von Frankreich, Großbritannien, den USA und der Sowjetunion in vier Besatzungszonen aufgeteilt worden. Der US-General und stellvertretende Befehlshaber Lucius D. Clay (1898–1978) schrieb im Mai 1945 an seinen Oberbefehlshaber Dwight D. Eisenhower (1890–1969) über die Situation im Land: „Nach einem Jahr Besatzung bilden die Zonen hermetisch abgeschlossene Gebiete mit fast keinerlei freiem Austausch an Gütern, Personen und Ideen. Deutschland besteht heute aus vier kleinen Wirtschaftseinheiten, die miteinander nur auf Vertragsbasis verkehren können." Sollte dafür keine Lösung gefunden werden, „stehen wir einer sich verschlechternden deutschen Wirtschaft gegenüber, die einen Zustand politischer Unruhe heraufbeschwören wird, der die Entwicklung des Kommunismus in Deutschland begünstigt und die Demokratisierung behindert," mahnte er an (Alsheimer, 1997, S. 38).

Um dem Massennotstand entgegenzuwirken, entschlossen sich Großbritannien und die USA zunächst im Herbst 1946 dazu, ihre beiden Besatzungszonen für gegenseitigen wirtschaftlichen Austausch zu öffnen. Daraus resultierte das Bestreben, gemeinschaftlich zentrale Regelungen für die weitere wirtschaftliche Zusammenarbeit zu definieren. Am 29. Mai 1947 unterzeichneten Clay und der britische General Brian Hubert Robertson (1896–1974) in Berlin ein „Abkommen über die Neugestaltung der bizonalen Wirtschaftsstellen", aus dem die Zwei-Zonen-Verwaltung in Frankfurt hervorging. Da es aufgrund der Kriegszerstörungen kein passendes Gebäude gab, wurde die neue Verwaltung für Finanzen nach Bad Homburg v.d.H. in die Villa Hansa ausgelagert, während sich die Verwaltung für Wirtschaft in der McNair-Kaserne im Frankfurter Stadtteil Höchst niederließ. Dort entstand bereits wenige Wochen später die an die bizonale Verwaltung angegliederte „Sonderstelle Geld und Kredit", die eine Währungsreform vorbereiten sollte. Ihr Vorsitzender war bis März 1948 der spätere Wirtschaftsminister und Kanzler Ludwig Erhard (1897–1977). Im November 1947 traf sich der junge US-Offizier Edward A. Tenenbaum (1921–1975), der als währungspolitischer Berater General Clays fungierte, mit den Mitgliedern der Sonderstelle Geld und Kredit in Bad Homburg. Er forderte eine schnellstmögliche Umsetzung der Währungsreform. Erhard stimmte dem zu, war aber der Ansicht, dass diese von den Deutschen ausgearbeitet werden müsse. So legte die Sonderstelle Geld und Kredit am 18. April 1948 den „Entwurf eines Gesetzes zur Neuordnung des Geldwesens" vor. Das auch als „Homburger Plan"

Abb. 129 —— Transportkiste mit Aufschrift „Bird Dog", 1948, HMF.M.2021.001.

bekannte Papier war der deutsche Versuch, einen Gegenentwurf zu den alliierten Plänen zur Währungsreform vorzulegen. Nach dem Potsdamer Abkommen sahen sich jedoch die Alliierten in der Verantwortung, die Währungsreform durchzuführen und so hatten die USA hatten bereits im März 1946 eine mehrfach überarbeitete Fassung des „Plan for the Liquidation of the War Finance and the Financial Rehabilitation of Germany", den sogenannten Colm-Dodge-Godsmith-Plan, vorgelegt. In dessen Begleitschreiben heißt es: "The report which is submitted herewith has been prepared in response to your request for an antiinflationary program for Germany. We have understood this, in accordance, with our discussion with you, to mean a comprehensive program for the enduring reorganization of Germany's currency and finance in accord with the Potsdam agreement, that is for Germany as a whole." (Wandel, 1997, S. 99.)

Der CDG-Plan sah die Einführung einer neuen Währung, der Deutschen Mark, mit einem Geldschnitt im Verhältnis von 10:1 vor. Am Ausgabetag der neuen Währung sollte die Bevölkerung pro Kopf Höchstbeträge von zehn bis 15 Reichsmark in D-Mark umtauschen können. Alle übrigen Zahlungsmittel sollten auf Konten eingezahlt und blockiert werden. Preise, Löhne, Gehälter, Mieten und Steuern sollten gleichbleiben.

Der Homburger Plan sah ebenso einen starken Geldmengenschnitt und die Auszahlung eines „Kopfbetrags" als Erstausstattung mit der neuen Währung vor, plante jedoch mit einem weniger drastischen Schnitt bei den Bankguthaben; nur Bargeld und Einlagen sollten abgewertet werden und private Schuldverhältnisse unberücksichtigt bleiben. Außerdem sah er einen parallel mit der Währungsumstellung durchzuführenden Lastenausgleich zur Entschädigung und Eingliederung der Millionen Flüchtlinge und Kriegsgeschädigten vor.

Dass die USA eine Währungsreform längst auf den Weg gebracht hatten, ahnte niemand. Bereits Ende 1947 war in den USA die neue Deutsche Mark gedruckt worden, in New York von der American Bank Note Company und in Washington vom Bureau for Engraving and Printing. Anschließend wurden die neuen Geldscheine mit einem Nennwert von 5,7 Milliarden D-Mark zwischen Februar und April 1948 in 23.000 Kisten, die angeblich Türknäufe enthalten

sollten, von New York über Barcelona nach Bremerhaven verschifft und von dort nach Frankfurt transportiert (vgl. Abb. 129). Münzen wurden zunächst nicht geprägt, da diese aufgrund ihres Gewichtes den Transport erschwert hätten. In den Tresorräumen im Keller des alten Reichsbankgebäudes und Sitzes der am 1. März 1948 gegründeten Bank deutscher Länder in der Taunusanlage 5 wurden die Kisten bis zum „Tag X" ihrer Ausgabe aufbewahrt. Nur sechs der mehrere hundert Beschäftigten im Gebäude wussten, was sich in den Kisten im Keller verbarg, selbst das Sicherheitspersonal kannte deren Inhalt nicht. Es war der 26-jährige Edward Tenenbaum, der die streng geheime Operation unter dem Decknamen „Bird Dog" koordinierte. Obwohl die D-Mark bereits gedruckt war und im Keller des alten Reichsbankgebäudes schlummerte, verhandelten die Alliierten der westlichen Besatzungszone weiterhin mit der Sowjetunion über eine gesamtdeutsche Währung, wie sie auch im CDG-Plan vorgesehen war. Am 20. März 1948 verließen die Sowjets schließlich den gemeinsamen Kontrollrat, weil keine Einigung für eine gemeinsame Währungsreform erzielt werden konnte.

Um die Einführung der D-Mark endgültig auf den Weg zu bringen, wurden die Mitglieder der Sonderstelle Geld und Kredit am 20. April 1948 unter Geheimhaltung und ohne Vorankündigung von amerikanischen Soldaten in Bad Homburg abgeholt, mit einem Bus auf den amerikanischen Militärflugplatz Rothwesten bei Kassel verbracht und interniert. Damit begann ein siebenwöchiger Aufenthalt, der als „Konklave von Rothwesten" bekannt werden sollte. In dieser Zeit übersetzten die Mitglieder der Sonderstelle unter der Planung Tenenbaums englische Texte, Fragebögen und Formulare und halfen bei der Formulierung von Gesetzen, Verordnungen und Durchführungsbestimmungen zur Einführung der Deutschen Mark, überwiegend auf der Grundlage des CDG-Plans. Inhaltliche Änderungen konnten sie nicht mehr vornehmen.

Mehr als 300 Milliarden Reichsmark waren zu diesem Zeitpunkt noch im Umlauf. Die Preise für Grundnahrungsmittel wurden weiterhin von den Besatzungsbehörden festgesetzt und niedrig gehalten. Die meisten Lebensmittel wurden jedoch für ein zehn- bis hundertfaches der festgesetzten Preise auf dem Schwarzmarkt verkauft. Alle zwei Monate wurden die Haushalte je nach Bedürftigkeit mit Lebensmittelmarken versorgt. Diese sahen jedoch im März 1948 lediglich eine Versorgung von rund 1300 Kilokalorien am Tag vor. Die Währungsreform war somit dringend notwendig und es kursierten zahlreiche Gerüchte darüber, wann der „Tag X" sein sollte.

Am 18. Juni 1948 verabschiedete der Wirtschaftsrat das „Gesetz über Leitsätze für die Bewirtschaftung und Preispolitik nach der Geldreform". Das „Preisgesetz" war unter Erhards Federführung erarbeitet worden und wurde sechs Tage später verkündet. Noch bevor am 20. Juni die Befehlshaber der britischen, französischen und US-amerikanischen Zone das „Erste Gesetz zur Neuordnung des Geldwesens", das Währungsgesetz, offiziell verkündeten und Erhard die Preisbindung zahlreicher Güter und die Rationierung von Waren auf Grundlage des Preisgesetzes aufhob, brachte die Frankfurter Neue Presse am 18. Juni 1948 eine Sonderausgabe heraus, in der sie die „Ausgabe des neuen Geldes ab Sonntag" ankündigte (vgl. Abb 130). Auch der Rundfunk informierte die Frankfurter Bevölkerung. „Eine Stadt im Währungsfieber", titelte die Frankfurter Rundschau bereits Anfang Mai 1948 und dieses Fieber erreichte nun seinen Höhepunkt. Alle, die noch über Reichsmark verfügten, versuchten diese auszugeben. In den Gaststätten und Kneipen herrschte ein unvergleichlicher Betrieb, am Hauptbahnhof waren die Gleise überfüllt, ebenso wie die Straßenbahnen. Schuldner*innen bemühten sich, ihre Verpflichtungen noch vor Einführung der neuen Währung zu begleichen.

Nun erst wurden die neuen Banknoten, die bis dahin im Keller der Taunusanlage 5 eingelagert waren, mit 800 Zügen und Lastwagen zu den Lebensmittelkartenausgabestellen der westlichen Besatzungszonen transportiert, die nun als Geldausgabestellen dienen sollten. Ab dem 20. Juni 1948 wurde die neue D-Mark ausgegeben. Die Frankfurterinnen und Frankfurter warteten in langen Schlangen vor den Ausgabestellen (vgl. Abb. 131 und 132). Alle städtischen Beamtinnen und Beamten waren abberufen worden, um bei der Ausgabe des „Kopfbetrags" von 40 D-Mark zu helfen, darunter auch Lehrkräfte, weshalb Montag bis Mittwoch die

Abb. 130 ——— Jugendliche lesen in der Frankfurter Neuen Presse den Artikel über die „Ausgabe des neuen Geldes", 20. Juni 1948, Foto: Institut für Stadtgeschichte Frankfurt, S7Z, 1948-181.

Schulen geschlossen blieben. Weitere 20 D-Mark sollten nach wenigen Monaten folgen. Um Mitternacht am 21. Juni 1948 verlor die Reichsmark ihre Gültigkeit und die Deutsche Mark wurde zum gesetzlichen Zahlungsmittel. Ende der Woche legte das dritte Gesetz zur Neuordnung des Geldwesens fest, dass Reichsmark zu D-Mark im Verhältnis von 10:1 umgetauscht werden sollten. Faktisch bedeutete das vor allem für Kleinsparende einen enormen Verlust, denn dieser Währungsschnitt galt für Reichsmarkscheine und private Spargutenhaben bis zu 5000 Reichsmark. Der Kopfbetrag wurde auf diese Summe angerechnet. Von einem Spargutenhaben von 600 Reichsmark, das in etwa zwei Monatslöhnen entsprach, blieben 60 D-Mark und damit exakt der Kopfbetrag. Immobilienbesitzer*innen und Schuldner*innen profitierten von der Reform. Auch der Besitz von Sachwerten blieb vom Geldschnitt verschont. Das egalitäre Gefühl des Kopfbetrags blieb genau das: nur ein Gefühl, denn es starteten bei weitem nicht alle Deutschen mit 40 D-Mark in die neue deutsche Ära.

Nachdem die vier Alliierten sich nicht auf eine gemeinsame Währungsreform einigen konnten, verließen die Sowjets am 20.3. 1948 den gemeinsamen Kontrollrat. Die Währungsreform bewirkte infolge dessen eine wirtschaftliche Teilung zwischen Ost und West durch die Schaffung zweier Währungszonen. Als drei Tage nach Einführung der D-Mark in der sowjetischen Besatzungszone eine Währungsreform folgte, konnten aufgrund von Papiermangel noch keine neuen Banknoten herausgegeben werden. Die alten Reichsmark-Banknoten wurden deshalb mit farbigen Kupons beklebt.

Literatur: Buchheim, 1988; Alsheimer, 1997; Eckhard 1979.

Abb. 131 —— Warteschlange vor einer Ausgabestelle der neuen D-Mark, 1948, Fotografie von Kurt Röhrig, Foto: Institut für Stadtgeschichte Frankfurt, S7Rö,146.

Abb. 132 —— In einer D-Mark-Ausgabestelle, 1948, dpa, Foto: Institut für Stadtgeschichte Frankfurt, S7FR, 2718.

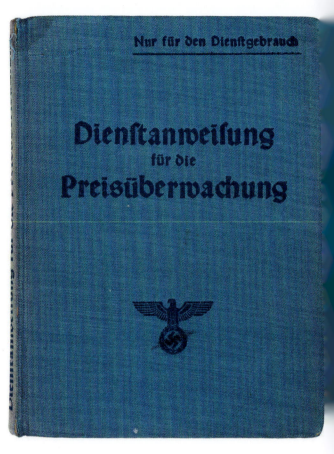

Abb. 133 —— Ministerpräsident Generalfeldmarschall Göring Beauftragter für den Vierjahresplan Reichskommissar für die Preisbildung (Hg.): Dienstanweisung für die Preisüberwachung, Berlin 1936, Privatbesitz, Foto: HMF.

Abb. 134 —— Vierte Reichskleiderkarte, für Anneliese Lutzke, Ützhausen, 1945, HMF.C67790.

Abb. 135 —— Militärhelm, USA um 1940. HMF.X.2009.1786.

Abb. 136 —— Geldschein zu 100 Mark, USA 1944. HMF.MP00437.

Abb. 137 —— Preiskontrolle auf dem Schwarzmarkt, Fotografie von Fred Kochmann, Frankfurt Juni 1946, HMF.Pho2282.

Abb. 138 —— Abtransport von Schwarzhändlern in der Großen Friedberger Straße, Fotografie von Fred Kochmann, Frankfurt 16. August 1946, HMF.Pho2285.

Abb. 139 —— Schwarzmarktwaren: Seife der Marke Flup, um 1946, HFM. X.1985.065a und Ehlers Great Coffee aus amerikanischen CARE-Paketen, 1945, HMF.X.1983.077b.

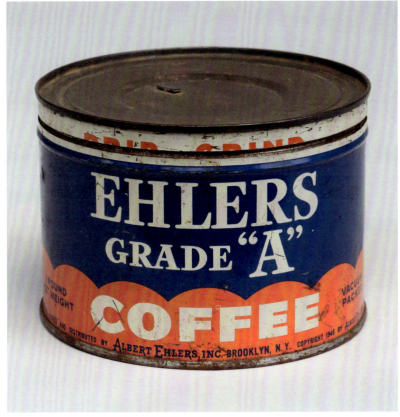

Abb. 140 —— Entwurf für 1 Pfennig des Frankfurter Medailleurs und Bildhauers Adolf Jäger, Frankfurt 1948, HMF.C45229.

Abb. 141 —— Banknote zu 10 Mark, sogenanntes „Kopfgeld", USA 1948, Deutsche Bundesbank, Geldscheinsammlung K07822.

Abb. 142 —— Reichsbanknote zu 20 Mark, sogenanntes „Kupon-Mark" der sowjetischen Besatzungszone, Berlin 1948, HMF.MP00062.

Inflation – Instrument des nationalsozialistischen Wahlkampfs

„Adolf Hitler gegen Chaos, Bürgerkrieg, Inflation!", prangt in großen, schwarzen Lettern vor einem auffallenden Hintergrund. Riesenplakate wie dieses in grellem Papier, meist violett, angeschlagen an Plakatwänden, Zäunen, Mauern und Litfaßsäulen gehörten zur Werbestrategie der Nationalsozialisten. Die auffallende Farbigkeit des Papiers sollte die Werbewirksamkeit erhöhen und mit der Wiederholung von Plakattypen wurde Vertrautheit bei den Betrachtenden suggeriert. Auf politische Gegnerinnen und Gegner der Rechten wirkten sie gegenteilig, schon auf große Entfernung war auszumachen, wer dort warb.

Typografische Plakate gehörten insbesondere zu Beginn der 1920er-Jahre zum Repertoire der NSDAP. Das Schriftbild ist charakteristisch, denn die Nationalsozialisten nutzten vorzugsweise gebrochene Schriften, Frakturen, die als besonders „deutsch" galten und ihre deutschnationale Gesinnung optisch untermauerten. Einzelne Schlagwörter wurden aus dem Fließtext durch fetten Druck, Unterstreichung oder größere Schrift hervorgehoben. Die Längsbalken waren ab den späten 1920ern ein Gestaltungsmerkmal der NSDAP-Plakate, sie dienten der Abgrenzung zu anderen Parteiplakaten und lenkten den Blick auf die Inhalte. Typografische Plakate sollten nicht vorrangig der Ästhetik dienen, sondern funktionell sein und Inhalte vermitteln.

Im Text dieses Plakats zur Reichspräsidentschaftswahl 1932 heißt es unter anderem: „Der deutsche Fleiß wurde durch die Inflation um seine ersparten Früchte gebracht, die deutsche Wirtschaft ruiniert, das Handwerk zerstört. Der Bauer verelendete, und der Arbeiter wurde von seinem Arbeitsplatz verjagt. Die Unsicherheit, die heute in Deutschland herrscht, der Terror und die Gewalt sind die äußeren begleitenden Zeugen der politischen, moralischen und wirtschaftlichen Zerstörung unseres Volkes."

Hitler machte sich hier das Thema der zurückliegenden Hyperinflation zunutze und verknüpft diese mit der Wirtschaftskrise 1932 mit der höchsten amtlichen Arbeitslosenrate. Als Schuldige führt er die demokratischen Politikerinnen und Politiker der Weimarer Republik an. Das Wahlplakat schließt mit dem Aufruf „wählt Adolf Hitler" und ist damit ein Paradebeispiel für die Kernfunktion des politischen Plakats als *das* Massenkommunikationsmittel, das zu diesem Zeitpunkt noch nicht von Radio, Film oder gar Fernsehen abgelöst wurde: Es will Meinungen bilden und Handeln beeinflussen.

Die Verknüpfung der Hyperinflation 1923 und der Weltwirtschaftskrise hat sich bis heute in das kollektive Gedächtnis eingebrannt, wie eine Studie von 2019 aufzeigt (Redeker/Haffert/Rommel 2019). Eine repräsentative Umfrage ergab, dass viele Deutsche heute nicht zwischen der Weltwirtschaftskrise Ende der 1920er/Anfang 1930er und der Hyperinflation von 1923 unterscheiden. Nur eine*r von 25 Deutschen weiß, dass die Weltwirtschaftskrise nicht von Preissteigerungen begleitet war. Mehr als die Hälfte der 1.036 Befragten gab an, die Inflationsrate 1932 habe bei über zehn Prozent gelegen. Rund 15 Prozent gaben sogar einen Wert von 100 Prozent oder mehr an, während diese Phase jedoch in Wirklichkeit von der stärksten Deflation in der jüngeren deutschen Geschichte geprägt war. **NA**

Literatur: Artiger 2000; Redeker/Haffert/Rommel 2019; Witamas 2016.

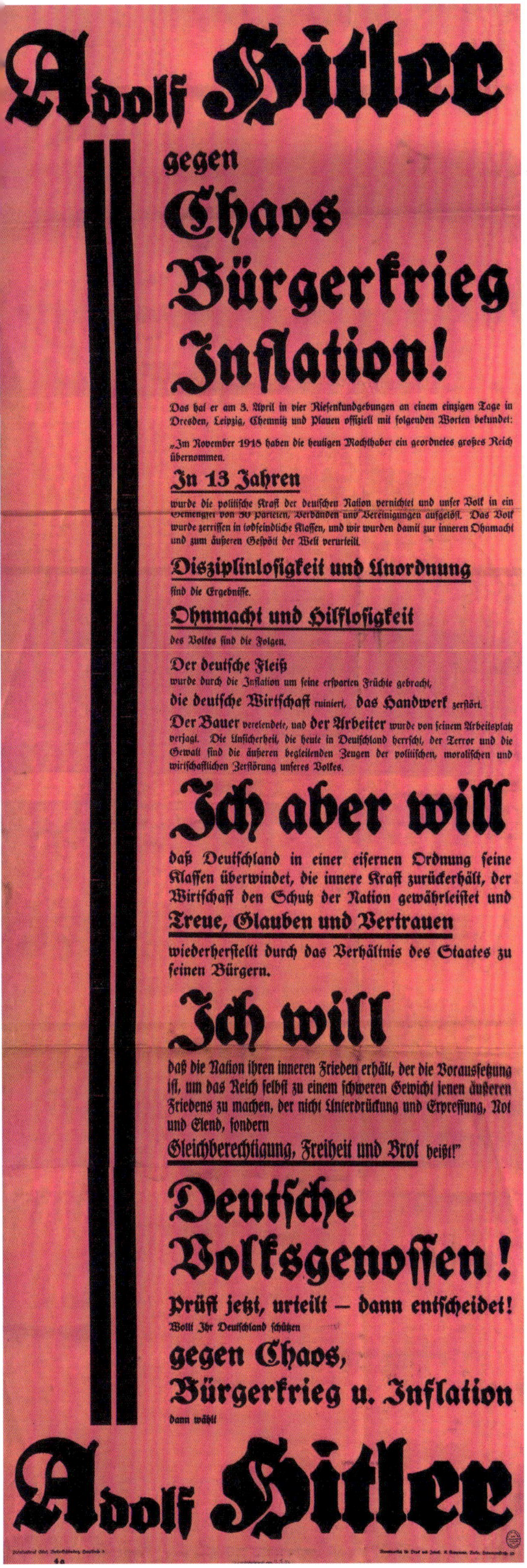

Abb. 143 — „Adolf Hitler gegen Chaos, Bürgerkrieg, Inflation!", Plakat zur Reichspräsidentschaftswahl, Berlin, April 1932, Bundesarchiv, Plak 002-016-073.

Abb. 144 — Litfaßsäule mit Hitler-Wahlplakat zur Reichspräsidentschaftswahl, 1932, Foto: Süddeutsche Zeitung.

Zigarettenwährung

Die Zigarette erfüllte 1945 bis 1948 viele Eigenschaften, die man von einer Währung erwartete. Sie war beständig, sie war teilbar und ihr Umlauf war auch in kleinen Einheiten möglich. Sie war Recheneinheit, Tauschmittel, Zahlungsmittel und sogar kurzfristiges Wertaufbewahrungsmittel und zudem vor Inflation sicher. Einziger Nachteil ihrer Wertbeständigkeit war, dass die Zigarette demonetarisiert wurde, sobald sie zu einer rauchenden Person gelangte.

Da die Hyperinflation von 1923 den Deutschen 1939 noch gut in Erinnerung war, finanzierte der NS-Staat Aufrüstung und Weltkrieg mit einer Erhöhung der Staatsschulden, die von 1939 bis 1945 von 30 auf 380 Milliarden Reichsmark anstiegen. Der Bargeldumlauf stieg im gleichen Zeitraum von 14,5 auf 73 Milliarden Reichsmark. Die Auswirkungen dieser Geldvermehrung hinsichtlich inflationärer Entwicklungen verhinderte ein scharf überwachter Lohn- und Preisstopp.

Nach Kriegsende verlor die Reichsmark im besetzten Deutschland ihre Funktion als Währung. Eine weitere Vergrößerung der Geldmenge brachten die ab 1944 ausgegebenen Scheine der alliierten Militärbehörden im Wert von ½ bis 1.000 Mark, die nach der Befreiung Deutschlands neben den Reichs- und Rentenmarkscheinen in Umlauf kamen. Sie erhöhten den ohnehin aufgeblähten Bargeldumlauf in Deutschland. Dieser Barbestand wurde zum Wertmesser im direkten Warentausch, dem „Schwarzmarkt". Die offizielle Versorgung geschah mittels Lebensmittel- und Warenmarken bei festgesetzten Löhnen und Preisen. So betrug ein Stundenlohn in der Genussmittelindustrie in den Jahren 1946/1947 nur 96 Reichspfennige.

Die Jahre von 1945 bis 1948 waren Hungerjahre. Verbreitet waren Felddiebstähle von Kartoffeln und Getreide. Auf dem Schwarzmarkt gab es begehrte Waren zum Zwanzigfachen bis Hundertfachen ihres offiziellen Preises zu kaufen. Eine Funktion als Tausch- und Zahlungsmittel übernahmen dabei amerikanische Zigaretten. Es entstand eine stabile Zigarettenwährung in Bezug zur inflationären Reichsmark. Die Preise bewegten sich zwischen 5 RM und 40 RM pro Zigarette. Synonym für die amerikanische Zigarette schlechthin waren aufgrund ihres hohen Marktanteils die filterlosen Lucky Strikes, aber auch Camel, Marvels, Old Gold und Chesterfield. Deutsche Zigaretten im Vorkriegswert von 5 Pfennigen waren weniger begehrt und lagen zwischen drei und 12 RM. Einer Auflistung zufolge entsprachen zehn Zigaretten in etwa einem halben Kilogramm Brot, 100–150 Gramm Fleisch, 75 Gramm Butter, 15 Gramm Bohnenkaffee oder 250 Gramm Zucker.

Ein Paar Damenschuhe war für 300 bis 600 RM zu haben, eine Glühbirne für 50 RM und ein Radio für 3.000 RM. Die Kilopreise für Nahrungsmittel betrugen im Oktober 1946 gegenüber 1938: Butter 250 RM/ 3,21 RM; Fleisch 120 RM/1,76 RM; Bohnenkaffee 450 RM/ 6,40 RM; Zucker 200 RM/0,84 RM; Brot 50 RM/ 0,32 RM. Weitere begehrte Tauschgüter waren Seife, Nylonstrümpfe, Wäsche aller Art, Fahrräder, Haushaltswaren und Branntwein. Schwarzbrennen und Schwarzschlachten waren an der Tagesordnung und gleichwohl streng verboten. Sogar Zoodirektor Dr. Bernard Grzimek wurde vorgeworfen, sowohl ein Wildschwein schwarzgeschlachtet, als auch Tierfelle gegen Zigaretten getauscht zu haben, wie die Frankfurter Neue Presse am 12. April 1948 berichtete. Der spätere Bundesbankpräsident Wilhelm Vocke tauschte auf dem Schwarzmarkt Schmuck gegen Fleisch, Butter und Zigaretten. **FB**

Abb. 145 —— Schwarzmarkt: Handel Ware gegen Bargeld, Fotografie von Hans-Helmut Bauer, 20. Juni 1948, Foto: Institut für Stadtgeschichte Frankfurt.

Abb. 146 —— Zigarettenpackungen der US-amerikanischen Marken Lucky Strike, Camel und Chesterfield, um 1948, Tabakmuseum Lorsch.

Inflation heute:
„Scholz führt Reichsmark ein" ——

Als die Inflationsrate von 5,3 Prozent im Dezember 2021 auf 7,6 Prozent im Juni 2022 anstieg, war die Diskussion über die schädlichen Auswirkungen der Inflation schon voll entbrannt. Anlass genug für einen Titel des führenden deutschen Satiremagazins „Titanic" in seiner Juliausgabe des Jahres 2022. Blickfang ist der Ausschnitt einer ansprechend gestalteten Reichsbanknote zu 100.000 Mark vom 1. Februar des Inflationsjahres 1923. Zu diesem Zeitpunkt kostete ein Dollar 41.500 Mark. Das Original hat im Kreis den Kopf des Kaufmann Georg Giese nach einem Gemälde von Hans Holbein dem Jüngeren (1497–1543). Stattdessen ziert das Bild des amtierenden Bundeskanzlers und ehemaligen Bundesministers der Finanzen, Olaf Scholz, den Geldschein.

Satire trifft, indem sie übertreibt. Die Zeile „Inflation immer schlimmer" spielt mit einem tatsächlichen oder eingebildeten bekannten Trauma der Deutschen, der Inflationsangst. Als Hilfestellung und Lösung schlägt die „Titanic" das vor, womit im Herbst 1923 die Inflation beendet wurde: Eine Währungsreform. Konkret also: Die Abschaffung des Euro und Einführung einer neuen und stabilen Reichsmark.

Was die Satire übersah: Der Geldschein von 1923 trägt die Unterschriften der Mitglieder des Reichsbankdirektoriums. Diese waren, in Abstimmung mit der Regierung, die Verantwortlichen für den Gang der Inflation. Pikanterweise ist dort die Signatur von Wilhelm Vocke (1886–1973) zu lesen. Vocke war zunächst Präsident im Direktorium der Bank deutscher Länder und dann erster Präsident der Deutschen Bundesbank. Als solcher verwandelte er sich zum strengen Verfechter einer stabilen Währung, vom Saulus zum Paulus.

Auch die Metaphorik hat von der Inflation in Wort und Bild Besitz ergriffen und zeigt sie in übertragener Weise. Im deutschen Sprachgebrauch ist sie Feuer, eine Krankheit, ein Feind, ein Tier, eine Flut, eine Maschine und vieles mehr. Seit Juni 2021 ist sie „in den Köpfen". Der FAZ zufolge hat die Inflation Wurzeln, sie fällt nicht vom Himmel, sie lebt, sie frisst Lohnerhöhungen, sie fügt Inflationsschmerzen zu und folglich müsse man dem Inflationsteufel den Kampf ansagen. Bildlich zeigte DER SPIEGEL im Februar 2022 einen von der Inflation angenagten 100-Euro-Schein. Im Juli rauchte Ludwig Erhard ein brennendes Bündel von 100-Euro-Scheinen als Zigarre.

Im langen Zeitraum der Inflation von Sommer 1919 bis Herbst 1923 war die Geldentwertung in der Folge des Weltkrieges Bestandteil des Alltags. Entsprechend nahmen sich die bekannten politischen Satireblätter (Kladderadatsch; Simplizissimus; Der Wahre Jacob) dieser Thematik in aller Breite in Bild und Text an. Darin schwang freilich eine immer tiefere Bitterkeit mit, einhergehend mit der in dieser Zeit dargestellten Verzweiflung vieler Menschen. Der Titel der Titanic ist bis jetzt noch – nur – ein gelungener Witz. **FB**

Abb. 147 —— Titelbild der Titanic, Nr. 7 vom Juli 2022, HMF.

Abb. 148 —— Reichsbanknote zu 100.000 Mark vom 1. Februar 1923, HMF.MP00371.

Literaturverzeichnis

Albers 1928
Albers, Edgar: Die Entstehungsgeschichte der deutschen Rentenmarkwährung, Tübingen 1928.

Alsheimer 1997
Alsheimer, Herbert: Ludwig Erhard. Der Weg unseres Landes aus den Trümmern des Krieges, Bad Homburg/Frankfurt 1997.

Artinger 2000
Artinger, Kai (Hg.): Die Grundrechte im Spiegel des Plakats, 1919 bis 1991, Berlin 2000.

Baum 1990
Baum. Walter: Hans Luther in der Politik der Weimarer Republik, 1922-1926, Berlin 1990.

Behrens 1917
Behrens. Ludwig: Kippen und Wippen, in: Berliner Münzblätter, 31. 1910. S. 405-410.
Bendixen, Friedrich: Das Inflationsproblem, Stuttgart 1917.

Bergmann 1926
Bergmann, Carl: Der Weg der Reparationen, Frankfurt 1926.

Beusch 1928
Beusch, Paul: Währungszerfall und Währungsstabilisierung, 1928.

Binnewies/Franchi/Philipp 2006
Binnewies,O./Franchi, D./Philipp, Alexander: Die deutsche Inflation 1914-1923. Ursachen und Verlauf, Norderstedt 2006.

Boelcke 1986
Boelcke, Willi A.: Der Schwarzmarkt 1945-1948. Vom Überleben nach dem Kriege, Braunschweig 1986.

Bommarius 2022
Bommarius, Christian: Im Rausch des Aufruhrs. Deutschland 1923, Berlin 2022.

Brentano 1988
Brentano, Clemens: Die Gründung Prags. Gesammelte Schriften, Band VI, Frankfurt 1852.

Brodbeck 2015
Brodbeck, Karl-Heinz: Goethe und das Papiergeld (Working Paper Serie, Institut für Ökonomie und Institut für Philosophie, Nr. Ök-14), Bernkastel-Kues 2015.

Buchheim 1988
Buchheim, Christoph: Die Währungsreform 1948 in Westdeutschland, in: Vierteljahreshefte für Zeitgeschichte 36, 1988, S. 189-231.

Bürck 1845
Bürck, August: Die Reisen des Venezianers Marco Polo im dreizehnten Jahrhundert, Leipzig 1845.

Cassel 1926
Cassel, Gustav: Das Stabilisierungsproblem, Leipzig 1926.

Dalberg 1926, 1919
Dalberg, Rudolf: Die deutsche Währungspolitik 1923-1926, Berlin 1926.
Ders.: Die Entwertung des Geldes. Eine Untersuchung der Einwirkungen von Kreditanspannung und Geldumlauf auf Preisniveau und Valutastand, Berlin 1919.

Deutsche Bundesbank 1976
Deutsche Bundesbank (Hg.): Währung und Wirtschaft in Deutschland 1876-1975, Frankfurt 1976.

Drüner 1934
Drüner, Hans: Im Schatten des Weltkriegs, Frankfurt 1934.

Elster 1928, 1923
Elster, Karl: Von der Mark zur Reichsmark. Geschichte der deutschen Währung in den Jahren 1914 bis 1924, Jena 1928.
Ders.: Die Seele des Geldes, Jena 1923.

Eucken 1923
Eucken, Walter: Kritische Betrachtungen zum deutschen Geldsystem, Jena 1923.

Gaettens 1955
Gaettens, Richard: Inflationen, München 1955.

Goethe 1832
Goethe, Johann Wolfgang von: Faust. Der Tragödie zweiter Teil, Stuttgart 1832.

Gottwald 1981
Gottwald, Eckehard: Frankfurter Notgeld, 2 Bände, Frankfurt 1981.

Graham/Kemmerer 1930
Graham, Frank D./Kemmerer, E.W.: Exchange, Prices and Production in Hyper Inflation: Germany 1920-1923, Princeton 1930.

Haffert/Redeker/Rommel 2021, 2019
Haffert, Lukas/Redeker, Nils/Rommel, Tobias: Misremembering Weimar: Hyperinflation, the great depression, and German collective economic memory. In: Economics & Politics, Vol 33(3) 2021, S. 664-686.
Dies.: Die Deutschen und die Hyperinflation: Ein historisches Missverständnis. Policy Paper vom 15. November 2019. Jaques Delors Institute Berlin. URL: https://www.delorscentre.eu/fileadmin/user_upload/20191118_Inflationsangst_Redeker_DE.pdf.

Hahn 1929
Hahn, Lucien Albert: Geld und Kredit, Tübingen 1929.

Hanke/Krus 2013, 2012
Hanke, Steve H./Krus, Nicholas: World Hyperinflations. Working Paper, in: SSRN, 15. August 2012, URL: https://ssrn.com/abstract=2130109.
Dies.: World Hyperinflations, in: Parker, Randall/Whaples, Robert: The Handbook of Major Events in Economic History, London 2013.

Hanning/Mares 2022
Nicolai Hannig/Detlev Mares (Hg.): Krise! Wie 1923 die Welt erschütterte, Darmstadt 2022.

Helfferich 1931, 1903
Helfferich, Karl: Die deutsche Währung im Jahr 1923, Leipzig 1931.
Ders.: Das Geld, Leipzig 1903.

Hierholzer/Richter 2012
Hierholzer, Vera/Richter, Sandra: Goethe und das Geld. Der Dichter und die moderne Wirtschaft, Frankfurt 2012.

Hilferding 1910
Hilferding, Rudolf: Das Finanzkapital, Wien 1910.

Hirsch 1924
Hirsch, Julius: Die deutsche Währungsfrage, Jena 1924.

Hoffritz 2022
Hoffritz, Jutta: Totentanz. 1923 und die Folgen, Hamburg 2022.

Holtfrerich 2015
Holtfrerich, Carl-Ludwig: Die deutsche Inflation 1914-1923, Berlin 1980.

Huber 2015
Huber, Tilman: Die Assignaten Frankreichs, Frankfurt 2015.

James 2022
James, Harold: Schockmomente. Eine Weltgeschichte von Inflation und Globalisierung 1850 bis heute, Freiburg 2022.

Jessen 1923
Jessen, Arnd: Finanzen, Defizit und Notenpresse 1914-1922, Berlin 1923.

Jones 2022
Jones, Mark: 1923. Ein deutsches Trauma, Berlin 2022.
Jünger, Nathanael: Kaufmann aus Mühlheim. Ein Hugo Stinnes-Roman, Wismar 1925.

Kämpken 2007
Kämpken, Nicole: Beethoven und das Geld, Bonn/Wien 2007.

Keynes 1924, 1920
Keynes, John Maynard: Ein Traktat über die Währungsreform, München 1924.
Ders.: Die wirtschaftlichen Folgen des Friedensvertrages, München 1920.

Kluge/Wisser 2014
Kluge, Bernd/Wisser, Bernd: Gold gab ich für Eisen. Der Erste Weltkrieg im Medium der Medaille, Berlin 2014.

Knapp 1905
Knapp, Georg Friedrich: Staatliche Theorie des Geldes, München und Leipzig 1905.

Kopper 2006
Kopper, Christopher: Hjalmar Schacht. Aufstieg und Fall von Hitlers mächtigstem Bankier, München/Wien 2006.

Lakoff/Johnson 1980
Lakoff, George/Johnson, Mark: Metaphors We Live By, Chicago 1980.

Landsburgh 1924
Landsburgh, Alfred: Die Politik der Reichsbank und die Reichsschatzanweisungen nach dem Kriege, München 1924.

Leupold 1726
Leupold, Jacob: Theatrum Staticum, das ist Schau-Platz der Gewicht-Kunst und Waagen etc., Leipzig 1726 [Nachdruck Hannover 1982].

Liefmann 1918
Liefmann, Robert: Die Geldvermehrung im Weltkriege und die Beseitigung ihrer Folgen, Stuttgart/Berlin 1918.

Löwe 2021
Löwe, Kathleen: Die Südseeblase in der englischen Kunst des 18. und 19. Jahrhunderts. Bilder einer Finanzkrise, Berlin 2021.

Lumm 1926
Lumm, Karl von: Karl Helfferich als Währungspolitiker und Gelehrter, Leipzig 1926.

Luther 1960, 1924
Luther, Hans: Politiker ohne Partei. Erinnerungen, Stuttgart 1960.
Ders.: Feste Mark, solide Wirtschaft, 1924.

Mann/Grosz 1925
Mann, Heinrich/Grosz, George: Kobes, Berlin 1925.

Mises 1924
Mises, Ludwig: Theorie des Geldes und der Umlaufsmittel, München 1924.

Netzband/Widmaier 1964
Netzband, Karl Bernhard/Widmaier, Hans Peter: Währungs- und Finanzpolitik in der Ära Luther 1923-1925, 1964.

Neumark 1922
Neumark, Fritz: Begriff und Wesen der Inflation, Jena 1922.

Ostwald 1931
Ostwald, Hans, Sittengeschichte der Inflation, Berlin 1931.

Otte 2011
Otte, Max (Hg.)/Ferguson, Adam: Das Ende des Geldes: Hyperinflation und ihre Folgen für die Menschen am Beispiel der Weimarer Republik, München 2011.

Petzina 1977
Petzina, Dietmar: Deutsche Wirtschaft in der Zwischenkriegszeit, Wiesbaden 1977.

Pohl 2008
Pohl, Hans (Hg.): Deutsche Bankiers des 20. Jahrhunderts, Stuttgart 2008.

Prion 1919
Prion, Wilhelm: Inflation und Geldentwertung, Berlin 1919.

Ramhorst 1924
Ramhorst, Friedrich: Die Entstehung der Deutschen Rentenbank, Berlin 1924.

Rathenau 1918
Rathenau, Walther: Staat und Judentum, in: Zur Kritik der Zeit, Berlin 1918, S. 183-207.

Regulski 2012
Regulski, Christoph: Klippfisch und Steckrüben. Die Lebensmittelversorgung der Einwohner Frankfurts am Main im Ersten Weltkrieg, 1914-1918, Frankfurt 2012 (=Studien zur Frankfurter Geschichte, Bd. 60).

Reuth 2023
Reuth, Ralf Georg: 1923. Als das Jahrhundert bebte, München 2023.

Ricci 2021
Ricci, Simone: Waste paper. The German Hyperinflation of 1923, 2021.

Ruhe 2020
Ruhe, Alexander: 1917-1923 – das Notgeld in Frankfurt und die Preise des Apfelweins. April 2020, URL: http://www.fws-ffm.de/Notgeld/Notgeld.html.

Schacht 1927
Schacht, Hjalmar: Die Stabilisierung der Mark, 1927.

Schmölders 1968
Schmölders, Günter: Gutes Geld und schlechtes Geld, Frankfurt 1968.

Schneider 1990
Schneider, Konrad: Frankfurt und die Kipper- und Wipperinflation der Jahre 1619-1623, Frankfurt 1990.

Scholz 2001
Scholz, Richard: Analyse der Entstehungsbedingungen der reichsgerichtlichen Aufwertungsrechtsprechung: Untersuchung unter besonderer Berücksichtigung der konservativen Geldpolitik der Reichsbank und der Inflationspolitik der Reichsregierung. Frankfurt am Main 2001.

Seume 2001
Seume, Johann Gottfried: Spaziergang nach Syrakus, Frankfurt 2001.

Sheppard/Musham 1975
Sheppard, Thomas/Musham, J. F.: Money Scales and Weights, London 1975.

Singer 1920
Singer, Kurt: Das Geld als Zeichen, Jena 1920.

Sprenger 2006
Sprenger, Bernd/Herzog, Bodo: Währungsreform und soziale Marktwirtschaft, Bonn 2008.

Stäheli/Verdicchio 2006
Stäheli, Urs/Verdicchio, Dirk: Das Unsichtbare sichtbar machen. Hans Richters Die Börse als Barometer der Wirtschaftslage. In: montage/AV 15, 1 (2006), S. 108-122.

Stocker 2022
Stocker, Frank: Die Inflation von 1923: Wie es zur größten deutschen Geldkatastrophe kam, München 2022.

Süß 2022
Süß, Peter: 1923 Endstation. Alles Einsteigen! Berlin 2022.

Taylor 2013
Taylor, Frederick: Inflation: Der Untergang des Geldes in der Weimarer Republik und die Geburt eines deutschen Traumas, 2013.

Tieck 1828
Tieck, Ludwig: Fortunat. Schriften, Band III, Berlin 1828.

Wallwitz 1980
Wallwitz, Georg von: Die große Inflation. Als Deutschland wirklich pleite war, Berlin 2021.

Wandel 1998, 1980
Wandel, Eckard: Die Entstehung der Bank deutscher Länder und die deutsche Währungsreform 1948, Frankfurt 1979 (=Schriftenreihe des Instituts für bankhistorische Forschung e.V., Bd. 3).
Ders.: Die Entstehung der Bank deutscher Länder und die deutsche Währungsreform 1948, Frankfurt 1980.

Weitz 1998
Weitz, John: Hitlers Bankier. Hjalmar Schacht, 1998.

Welker 2002
Welker, Manfred: Die Reichsstadt Nürnberg, ein Zentrum des Schmiedeeisen verarbeitenden Handwerks. In: Hermann Maué et al, Quasi Centrum Europae. Europa kauft in Nürnberg 1400-1800, Nürnberg 2002.

Wiedemann, o. J.
Wiedemann, Klaus: Der Erste Weltkrieg aus der Sicht eines Kasseler Oberschülers, 1914-1918, Abschnitt 4: Gold zur Wehr – Eisen zur Ehr!", in: Hessische Quellen zum Ersten Weltkrieg, URL: https://www.lagis-hessen.de/de/purl/resolve/subject/qhg/id/13-45.

Williamson, 1971
Williamson, John G.: Karl Helfferich, 1872-1924, Economist, Financier, Politician, Princeton 1971.

Witamas 2016
Witamas, Birgit: Geklebte Propaganda. Verführung und Manipulation durch das Plakat, Berlin 2016.

Withers 1911
Withers, Hartley: Geld und Kredit in England, Jena 1911.

Zahn-Harnack 1915
Zahn-Harnack, Agnes: Der Krieg und die Frauen, Berlin 1915.

Exponatverzeichnis

0 Intro

Inflation, Hans Richter/Universum Film AG, Experimentalfilm, Deutschland 1928, 2:44 Min., Friedrich Wilhelm Murnau Stiftung

1 Inflation?

Was ist Geld?

Banknote zu einem Dollar, The Bank of Washtenaw, Ann Arbor, Michigan 1835, HMF.MP00430

Banknote zu 100 Trillionen Pengö, Ungarn 1946, Deutsche Bundesbank

2 Kurze Geschichte der Inflation

Kuan in China (1375–1488)

Geldschein zu einem Kuan, Druck auf Papier, China um 1375, HMF.M.2019.041

Kipper und Wipper im Reich (1620–1623)

Der Lachend und wainend Müntz Legat, Anonym, 1623, Einblattdruck, Reproduktion, Bayerische Staatsbibliothek München

Der Jüdische Kipper und Auffwechßler, Anonym, 1622, Einblattdruck, Reproduktion, Bayerische Staatsbibliothek München

Epitaphium oder deß guten Geldes Grabschrifft, Daniel Manasser, Augsburg 1621, Einblattdruck, Reproduktion, Bayerische Staatsbibliothek München

Jedermannes Jammer-Klage Vber der falschen Wippe Wage, Anonym, 1621, Titelholzschnitt, Reproduktion, Bayerische Staatsbibliothek München

Eisentruhe, Süddeutsch 17. Jahrhundert, HMF X.2009.3743

Eisentruhe, Süddeutsch 17. Jahrhundert, HMF X.2009.3734

Gleicharmige Balkenwaage für Goldmünzen mit acht Einsatzgewichten, Jean Pingard, Lyon 1725, HMF.X02633

Gleicharmige Balkenwaage für Goldmünzen mit 24 Einsatzgewichten, Johann Mager, Kempten, 18. Jahrhundert. HMF X15255

Gleicharmige Balkenwaage für Goldmünzen mit 11 Einsatzgewichten, Deutsch, 18. Jahrhundert. HMF.X.2003.013

Kippertaler, Kanton Zug 1622, HMF.M44578

Kipper 6 Kreuzer, Tirol 1623, HMF.M48011

Kipper 48 Kreuzer, Steiermark 1622, HMF.M43745

Kipper 12 Kreuzer, Fugger 1622, HMF.M10104

Halbtaler zu 60 Kreuzer, Nürnberg 1622, HMF.M25855

60 Kreuzer, Bayern 1621. ¼ Taler 1622; 30 Kreuzer 1622; 15 Kreuzer 1622; 6 Kreuzer 1622. HMF M02797, M02800, M02801, M02804, M02806

24 Kreuzer, Brandenburg-Bayreuth 1621; 1622, HMF.M03883-86

24 Kreuzer, Brandenburg-Ansbach, 1621; 1622, HMF.M04193-96

12 Kreuzer, Braunschweig-Wolfenbüttel o. J., HMF.M05433-36

3 Flitter 1621, Braunschweig-Wolfenbüttel, HMF.M05755-58

20 Groschen, Sachsen 1621; 10 Groschen, Sachsen 1622; 24 Kreuzer, Sachsen 1621, HMF.M33736-39

Rote Seufzer in Brandenburg (1680–1710)

Geldfass zum Münztransport, Eisen, 17. Jahrhundert, HMF.M.2020.88

Eisentruhe, Nürnberg 1709, HMF X.2015.019

6 Pfennige, Brandenburg-Preußen, 1676; 1684; 1687; 1690; 1691; 1695; 1700; 1710; 1711. HMF.M04920-23; HMF.M04963-64; HMF.M05139-41; HMF.M05167-68; HMF.M29312-15

6 Pfennige, Sachsen, 1702; 1703, HMF.M33902-04

Groschen, Sachsen, 1760; 1761, HMF.M33952-54; HMF.M45052

1/3 Taler, Preußen, 1773; 1774, HMF.M29369; HMF.M29371

1/12 Taler, Preußen 1764, HMF.M29385-86

Groschen, Preußen, 1786; 1787, HMF.M29412; HMF.M29414

Noten der Banque Royale in Paris (1718–1720)

John Law, Kupferstich von G.F. Schmidt nach einem Gemälde von H. Rigaud, Paris um 1750, HMF

Banknote über 10 Livres Tournois, Paris 1720, Druck auf Papier, Staatliche Museen zu Berlin

Banknote über 10 Livre Tournois, Paris 1720, Druck auf Papier, Deutsche Bundesbank

Monument consacré à la postérité en memoire de la folie incroyable de la XX année du XVIII siècle, Bernard Picart, 1720, Collections numérisées de la bibliothèque de l'INHA, bpk

Véritable Portrait du tres fameux Seigneur messire Quinquenpoix, Paris 1720, Reproduktion, Bibliothèque nationale de France

Zettelwesen in Österreich (1762–1820)

10 Gulden Banco Zettel, Wien 1796, Druck auf Papier, HMF.C36223

5 Gulden Banco Zettel, Wien 1806, Druck auf Papier, HMF.MP00096

2 Gulden Banco Zettel, Wien 1800, Druck auf Papier, HMF.C11220a

2 Gulden Banco Zettel, Wien 1800, Druck auf Papier, HMF.C11220b

Banknote zu 1000 Goethe, Mike Kuhlmann, Grafik, Frankfurt 2021, Reproduktion

Assignate in Frankreich (1789–1797)

Assignat zu 5 Livres, Frankreich 1791, HMF.C72282a

Assignat zu 400 Livres, Frankreich 1792, HMF.MP00152

Assignat zu 500 Livres, 1793/94, HMF.MP00144

Assignat zu 10.000 Francs, Frankreich 1795, HMF.C09165

Rescription über 25 Francs, Frankreich 1796, HMF.C07283

Mandat Territorial, Frankreich 1797, HMF.C12788i

L'homme aux assignats, Kupferstich, Paris 1791, Reproduktion, Library Of Congress

Cas des Assignats chez L'Etranger, Kupferstich, Paris 1792, Reproduktion, Bibliothèque nationale de France

Dollar in den Südstaaten der USA (1861–1865)

Banknote zu 20 Dollar, Richmond 1864, HMF.C11219

Banknote zu 100 Dollar, Richmond 1864, HMF.C16420

Banknote zu 500 Dollar, Richmond 1864, HMF.C11219q

Banknote zu 10 Dollar, Virginia 1862, HMF.C16423

3 Erster Weltkrieg

Goldstandard

John Maynard Keynes, Ein Traktat über die Währungsreform, München 1924, Buch, HMF

Deutsches Reich, 10 Mark, Berlin 1911, Gold, HMF.MDeg65.5
Deutsches Reich, 20 Mark, Berlin 1913, Gold, HMF.MDeg67.4
Deutsches Reich, Banknote zu 20 Mark, Berlin 1914, HMF.MP00439
Deutsches Reich, Banknote zu 50 Mark, Berlin 1910, HMF.MP004409
Deutsches Reich, Banknote zu 100 Mark, Berlin 1910, HMF.MP00441
Deutsches Reich, Banknote zu 1.000 Mark, Berlin 1910, HMF.MP00442

Königreich Ungarn, 20 Kronen 1892; 1904; 10 Kronen 1894; 1907, HMF.MDeg179.17-20
Schweiz 20 Franken, 1908; 1909, 10 Franken 1913; 1916, HMF.MDeg179.22-25
Frankreich, 20 Francs, 1871; 1907; 10 Francs 1899; 5 Francs 1860, HMF.MDeg179.40-41; 44-45
Königreich Belgien, 20 Francs, 1875; 1877, HMF.MDeg179.48-49
Königreich Spanien, 25 Pesetas, 1876; 20 Pesetas 1889, HMF
Königreich Italien, 20 Lire, 1863; 1868, HMF.MDeg179.55-56
Großbritannien, Sovereign, 1913; ½ Sovereign, 1906, HMF.MDeg179.66; 69
Kaiserreich Russland, 15 Rubel, 1897; 1897; 10 Rubel, 1905; 5 Rubel, 1898, HMF.MDeg179.73-74; 77-78
Protektorat Tunis, 20 Francs, 1904, HMF.MDeg179.82
Fürstentum Monaco, 100 Francs, 1896, HMF.MDeg179.107
USA, 5 Dollar, 1901; 1911; 10 Dollar, 1907; 20 Dollar, 1894, HMF.MDeg179.92-93; 95; 98

Kriegsbeginn

Bekanntmachung der Mobilmachung für den Ersten Weltkrieg der Städtischen Behörden Frankfurt am Main, Flugblatt, Frankfurt 1914, HMF.C36058

Portrait Kaiser Wilhelm II. in Paradeuniform. Montage für das Titelbild des Illustrierten Blattes vom 1. August 1914, Berlin 1914, HMF.Ph09924

Ein Ruf des Kaisers an das deutsche Volk, Plakat, Berlin 1914, HMF.C41069

Darlehenskassenschein der Reichsschuldenverwaltung zu 20 Mark, Berlin 5. August 1914, HMF.M.2020.081

Darlehenskassenschein der Reichsschuldenverwaltung zu 50 Mark, Berlin 5. August 1914, HMF.M.2020.082

Darlehenskassenschein der Reichsschuldenverwaltung zu 5 Mark, Berlin. August 1917, HMF.M.2020.080

Darlehenskassenschein der Reichsschuldenverwaltung zu 20 Mark, Berlin 20. Februar 1918, HMF.M.2020.083

Kriegsanleihen

Anleihe des Deutschen Reichs vom Jahre 1915 über 1000 Mark, Berlin 1915, HMF.M.2021.014

Anleihe des Deutschen Reichs vom Jahre 1918 über 200 Mark 200 Mark, Berlin 1918, HMF

Grundlagen für die Sicherheit der Kriegsanleihe, Werbeblatt der Reichsbank, Berlin 1917, HMF

Sparbuch der Städtischen Sparkasse Frankfurt von Levin Zimmer, Frankfurt 1914 bis 1922, HMF.M.2020.086

Anstecknadel zur achten Kriegsanleihe, Metall, März 1918, HMF.M.2021.004

Helft uns Siegen, Plakat zur sechsten Kriegsanleihe, Fritz Erler, Berlin März 1917, HMF.C45800

Mitbürger! Zeichnet die Kriegsanleihe, Plakat, Großmann, Frankfurt März 1917, HMF.C45830

Seitengewehr pflanzt auf! Plakat zur sechsten Kriegsanleihe, Berlin März 1917, HMF.C45803

Und Ihr? Plakat zur siebten Kriegsanleihe, Fritz Erler, Berlin September 1917, HMF.C45843

Ein Film für alle. VII. Kriegsanleihe, Plakat, Hans Rudi Erdt, Berlin September 1917, HMF.C45841

Die Zeit ist hart, aber der Sieg ist sicher, Plakat, Bruno Paul, Berlin 1917, HMF.C46074

Teutsche bitt. Zeichnet die 8. Deutsche Kriegsanleihe, Plakat, Hans Printz, März 1918, HMF.C45680

Bereit zum letzten Hieb, Plakat zur achten Kriegsanleihe, K.A. Wilke, März 1918, HMF.C45679

Die 8. Deutsche Kriegsanleihe, Plakat, Otto Ubbelohde, Bankhaus Baruch Strauß, Frankfurt März 1918, HMF.C45842

Helft den Hütern Eures Glückes, Plakat, W. Georgi, Frankfurt März 1918, HMF.C46073

Karl Helfferich, Porträt, zwischen 1915–1920, Reproduktion, Library of Congress, Washington

Agnes von Zahn-Harnack, Porträt, Fotografie von Else Bäumer, Berlin 1902, Reproduktion, Helene-Lange-Archiv im Landesarchiv Berlin

Ein Wort Hindenburgs über die Kriegsanleihe, Julius Pinschewer/Väterländischer Filmvertrieb GmbH, Werbefilm, Deutschland 1916, 2:16 Min., Bundesarchiv

Ein neuer Dreibund, Julius Pinschewer, Werbefilm zur 6. Anleihe, Deutschland 1917, 2:56 Min., Bundesarchiv

Der Ertrag der VI. deutschen Kriegsanleihe gibt unseren Helden die Kraft zum Siege, Werbefilm, Deutschland 1917, 1:35 Min., DFF

Deutschlands Volksvermögen, Julius Pinschewer/Väterländischer Filmvertrieb GmbH, Werbefilm, Deutschland 1917, 1:41 Min., Bundesarchiv

Das Gebot der Stunde, Väterländischer Filmvertrieb GmbH, Werbefilm, Deutschland 1918, 1:50 Min., Bundesarchiv

Worauf wir vertrauen, Väterländischer Filmvertrieb GmbH, Werbefilm, Deutschland 1918, 2:02 Min., Bundesarchiv

Ein im Mittelpunkt des Interesses stehendes Gebäude: Die Reichsbank in Berlin, Pinschewer-Film AG, Werbefilm, Deutschland 1918, 1:20 Min., Bundesarchiv

Gold für Eisen

An die deutschen Frauen! Aufruf der Kaiserin Augusta Victoria, Schmuckblatt, Berlin 1914, HMF.C45634

Spendendiplom „Gold gab ich für Eisen" mit Freilassung für Name und Gewicht der Spende, Lina von Schauroth, Frankfurt 1916, HMF.C45658

Ovale Medaille mit Henkel der Kriegsspende Deutscher Frauendank, Zinn, Frankfurt 1915, HMF.M.2018.032

Gold gab ich zur Wehr, Eisen nahm ich zur Ehr, geschwärzte Eisenmedaille, Hermann Hosaeus, Deutschland 1916, HMF.M.2020.054

Gold gab ich für Eisen, Ring, Deutschland 1914, HMF.X.2009.2944a

Nationale Kriegspfanne, Eisen, 1916, HMF.X.2019.010

An Frankfurts Frauen! Plakat, Lina von Schauroth, Frankfurt 1914, HMF.C45835

Liebesgaben Donnerstag, Plakat, Lina von Schauroth, Frankfurt 1915, HMF.C45837

Das Gold dem Vaterland, Plakat, Lucian Bernhard, Berlin 1916, HMF.C45827
Gold gab ich zur Wehr – Eisen nahm ich zur Ehr. Bringt Euren Goldschmuck den Goldankaufsstellen! Plakat, Julius Gipkens, Berlin 1916, HMF.C45828

Goldankaufstelle im Steinweg, Fotografie, Rapp (Gustav & Co), Frankfurt 1916. HMF.Ph10527,3

Metallsammlung: Frauen und Kinder bringen Metallgegenstände zur Sammelstelle, Fotografie, Frankfurt 1916, HMF.C27641a-e

Lagerraum mit Kisten: Weihnachtsgabe der Frankfurter Kriegsfürsorge, Fotografie, Frankfurt um 1916, HMF.Ph10491,2

Hindenburg-Lazarettzug, Sonntagsbesichtigung und Offizierswagen, Fotografie, 1915, HMF.Ph10459,1

Spendensammlung für den Lazarettzug Hindenburg, Fotografie, 1915, HMF.Ph10474,2

Goldsammlung, Fotografie, Frankfurt 1914, HMF.Ph10537

Notgeld im Krieg

Schein im Wert von 10 Mark des Kriegsgefangenenlagers Frankfurt, Frankfurt 1917, HMF-MP00041

Gutschein der Stadt Höchst über 50 Pfennig, Höchst 1. Juni 1917, HMF.MP00085

Gutschein der Stadt Frankfurt über 50 Pfennig, Frankfurt 1. Mai 1917, HMF.MP00073
Gutschein der Stadt Höchst über 5 Mark, Höchst 25. Oktober 1918, HMF.MP00086
Gutschein der Stadt Höchst über 50 Mark, Höchst 1. November 1918, HMF.MP00088
Gutschein der Stadt Höchst über 100 Mark, Höchst 1. November 1918, HMF.MP00089
Gutschein der Stadt Frankfurt über 5 Mark, Frankfurt 15. Oktober 1918, HMF.MP00079
Gutschein der Stadt Frankfurt über 10 Mark, Frankfurt 15. Oktober 1918, HMF.MP00075
Gutschein der Stadt Frankfurt über 20 Mark, Frankfurt 15. Oktober 1918, HMF.MP00074
Gutschein der Stadt Frankfurt über 2 Mark, Frankfurt 6. November 1918, HMF.MP00077
Gutschein der Stadt Frankfurt über 1 Mark, Frankfurt 15. November 1918, HMF.MP00078
Gutschein der Stadt Offenbach über 5 Mark, Offenbach 18. Oktober 1918, HMF.MP00261
Gutschein der Stadt Wiesbaden über 50 Mark, Wiesbaden Datum 1918, HMF.MP00470
Kriegsgeldschein der Stadt Weinheim über 5 Mark, Weinheim 1918, HMF.MP00471
Gutschein der Stadt Darmstadt über 20 Mark, Darmstadt 1918, HMF.MP00472
Gutschein der Stadt Mainz über 20 Mark, Mainz 1918, HMF.MP00473
Gutschein der Stadt Fulda über 10 Mark, Fulda 1918, HMF.MP00474
Gutschein der Stadt Aschaffenburg über 20 Mark, Aschaffenburg 1918, HMF.MP00475

4 Wellen der Inflation 1919–1922

Reparationen

Die Entschädigungsfrage am deutschen Wirtschaftskörper, Karikatur, Kladderadatsch, Nr. 23 vom 13. Juni 1920, Reproduktion, Universitätsbibliothek Heidelberg

Gesundbrunnen der Entente. Zur Tagung der Reparationskommission in Brüssel, Karikatur, Beilage zum Wahren Jacob, Nr. 900 vom 28. Januar 1921, Reproduktion, Klassik Stiftung Weimar, Herzogin Anna Amalia Bibliothek

Michels Osterei, Karikatur, Der Wahre Jacob, Nr. 904 vom 13. März 1921, Reproduktion, Klassik Stiftung Weimar, Herzogin Anna Amalia Bibliothek

Die Zwickmühle, Karikatur, Der Wahre Jacob, Nr. 903 vom 27. Februar 1921, Reproduktion, Klassik Stiftung Weimar, Herzogin Anna Amalia Bibliothek

Erfüllung, Karikatur von Thomas Theodor Heine, Simplicissimus, Nr. 21 vom 23. August 1922, Reproduktion, Klassik Stiftung Weimar, Herzogin Anna Amalia Bibliothek

Erfüllung und Entleerung, Karikatur von Arthur Johnson, Kladderadatsch Nr. 37 vom 17. September 1922, Reproduktion, Universitätsbibliothek Heidelberg

Valutagewinner aller Länder, gedenkt der hungernden Kinder, Karikatur von Karl Arnold, Simplicissimus, Nr. 37 vom 7. Dezember 1921, Reproduktion, Klassik Stiftung Weimar, Herzogin Anna Amalia Bibliothek

Erste Welle: Todeskampf der Mark

Der Todeskampf der Mark, Leopold Schwarzschild, Zeitungsausschnitt, Frankfurter General-Anzeiger, 2. Februar 1920, HMF

Kurslisten aus dem Frankfurter General-Anzeiger vom 24. Juni 1920 und 18. September 1920, HMF

Reichsbanknote über 50 Mark, 24. Juni 1919, HMF.M.2020.079

Reichsbanknote über 50 Mark, 23. Juli 1920, HMF.M.2020.078

Reichsbanknote über 100 Mark, 1. November 1920, HMF.M2020.077

Karl Helfferich, Fort mit Erzberger! Berlin 1919, Buch, HMF

Ein Trost, Karikatur, Ausschnitt aus Kladderadatsch Nr. 5 vom 1. Februar 1920, Reproduktion, Universitätsbibliothek Heidelberg

Valutasumpf, Karikatur von Arthur Johnson, Kladderadatsch Nr. 7 vom 15. Februar 1920, Reproduktion, Universitätsbibliothek Heidelberg

Deutschland und die Entente. Eine Ausplünderungsszene, Karikatur von Hans Lindolff, Kladderadatsch Nr. 3 vom 18. Januar 1920, Reproduktion, Universitätsbibliothek Heidelberg

Die Kapitalverschiebung, Karikatur von Arthur Johnson, Kladderadatsch Nr. 1 vom 4. Januar 1920, Reproduktion, Universitätsbibliothek Heidelberg

Die ausgeplünderte Germania, Karikatur von Thomas Theodor Heine, Simplicissimus Nr. 4 vom 21. April 1920, Reproduktion, Klassik Stiftung Weimar, Herzogin Anna Amalia Bibliothek

Der verschobene Strich, Karikatur von Julius Uss Engelhard, Simplicissimus, Nr. 4 vom 21. April 1920, S. 65, Reproduktion, Klassik Stiftung Weimar, Herzogin Anna Amalia Bibliothek

Neue Stadtgeld, Ausschnitt aus dem Frankfurter General-Anzeiger, 17. März 1919, HMF

Konvolut an Lebensmittelkarten, Frankfurt 1917–1921, HMF.C.1971.074; HMF.C.1987.018

Schlangestehen für Lebensmittel, Fotografie von Leonhard Kleemann, Frankfurt 1919, HMF.C23177

Nach den Plünderungen vom 31. März 1919, Esders und Dyckhoff, Ecke Neue Kräme – Sandgasse, zerstörte Schaufensterfront, Fotografie von Leonhard Kleemann, Frankfurt 1919, HMF.C23180a

Nach den Plünderungen vom 31. März 1919, Esders und Dyckhoff, Ecke Neue Kräme – Sandgasse, zerstörte Innenräume mit leeren Vitrinen, Fotografie von Leonhard Kleemann, Frankfurt 1919, HMF.C23180d

Verbrennung der Gerichtsakten am Justizgebäude, Klingerstraße, mit Menschengruppe, Fotografie von Leonhard Kleemann, Frankfurt 1919, HMF.C23181a

Eisenbahnerstreik am Hauptbahnhof, mit Schild „Kriegsbeschädigte solidarisch mit den Eisenbahnen", Fotografie von Leonhard Kleemann, Frankfurt 1919, HMF.C 23479b

Improvisierter Trödlermarkt auf dem Börneplatz, Fotografie von Heinrich Luber, Frankfurt 1919, HMF.C23021a

Plünderung in der Frankfurter Altstadt (Schnurgasse), Lithographie von Franz Maria Bachmann, Frankfurt 1919, HMF.C22911

Französischer Militärhelm, sog. Adrian, Stahl, Leder, Frankreich um 1918, HMF.X.2020.006

Bronzemedaille auf die Besetzung des Maingaues durch, Karl Goetz, 1920, HMF.M.2020.049

Die Besetzung Frankfurts. Die von den Marokkanern besetzte Hauptwache, wo es zu blutigen Zusammenstößen mit dem Publikum kam. Fotografie, Frankfurt April 1920, HMF.C26206

Franzosen-Invasion an der Hauptwache, Fotografie, Frankfurt April 1920, HMF.C25154

Franzosen-Invasion in Frankfurt, Fotografie von Hans Fohr, April 1920, HMF.C25153

Der Sieger, Karikatur, Kladderadatsch Nr. 16 vom 18.4.1920, Reproduktion, Universitätsbibliothek Heidelberg

Frankfurter Würstchen, Karikatur, Kladderadatsch Nr. 17 vom 25. April 1920, Reproduktion, Universitätsbibliothek Heidelberg

Zweite Frankfurter Internationale Messe, Anzeige, Kladderadatsch Nr. 12/13 vom 28. März 1920, Reproduktion, Universitätsbibliothek Heidelberg

Zweite Welle: Goldlöckchen

Valutagewinn, Karikatur von Karl Arnold, Simplicissimus, Nr. 26 vom 16. November 1921, Reproduktion, Klassik Stiftung Weimar, Herzogin Anna Amalia Bibliothek

Der Kunstraubzug des Dollars, Karikatur von Erich Schilling, Simplicissimus, Nr. 47 vom 15. Februar 1922, S. 62, Reproduktion, Klassik Stiftung Weimar, Herzogin Anna Amalia Bibliothek

Die Wacht am Rhein, Karikatur von Karl Arnold, Simplicissimus, Nr. 35 vom 23. November 1921, Reproduktion, Klassik Stiftung Weimar, Herzogin Anna Amalia Bibliothek

Alkohol und Völkerversöhnung, Karikatur von Hans Stengel, Simplicissimus, Nr. 25 vom 20. September 1922, Privatbesitz (Leihgabe Hendrik Mäkeler)

Die kranke Valuta, Karikatur von Thomas Theodor Heine, Simplicissimus, Nr. 42 vom 1.1.1920, S. 542, Reproduktion, Klassik Stiftung Weimar, Herzogin Anna Amalia Bibliothek

Das arme Markl, Karikatur von Wilhelm Schulz, Simplicissimus, Nr. 11 vom 14. Juli 1922, S. 164, Reproduktion, Klassik Stiftung Weimar, Herzogin Anna Amalia Bibliothek

Valutagewinner aller Länder, gedenkt der hungernden Kinder! Karikatur von Karl Arnold, Simplicissimus, Nr. 37 vom 7. Dezember 1921, Reproduktion, Klassik Stiftung Weimar, Herzogin Anna Amalia Bibliothek

Valuta, Karikatur von Karl Arnold, Simplicissimus, Nr. 39 vom 21. Dezember 1921, S. 528, Reproduktion, Klassik Stiftung Weimar, Herzogin Anna Amalia Bibliothek

Von der alten Reichs- und Messestadt Frankfurt a.M., herausgegeben vom Messeamt für Frankfurter Internationale Messen, Frankfurt 1922, HMF

Dritte Welle: Ermordung Rathenaus

Walther Rathenau, Porträt, 1922, Reproduktion, Bibliothèque nationale de France

Rathenau, Karikatur, Beilage zum Wahren Jacob, Nr. 938 vom 3. Juli 19221922, S. 10553, Reproduktion, Klassik Stiftung Weimar, Herzogin Anna Amalia Bibliothek

Der politische Mord, Karikatur von Thomas Theodor Heine, Simplicissimus, Nr. 16 vom 19. Juli 1922, Reproduktion, Klassik Stiftung Weimar, Herzogin Anna Amalia Bibliothek

Demonstration auf dem Frankfurter Opernplatz anlässlich der Ermordung Walther Rathenaus, 27. Juni 1922, Fotografie von W. Schmidt, Reproduktion, Institut für Stadtgeschichte Frankfurt

Johanna Tesch, Porträt, Fotografie, Atelier Fr. Dannhof, Frankfurt um 1920, HMF.Ph22591,01

Postkarte mit Gebäude der Reichsbank in Berlin, um 1910, HMF

Postkarte mit Porträt und Unterschrift des Reichsbankpräsidenten Rudolf Havenstein, um 1910, HMF

Inflation, Karikatur von Thomas Theodor Heine, Simplicissimus Nr. 32 vom 8. November 1922, S. 459, Privatbesitz (Leihgabe Hendrik Mäkeler)

Stadt Frankfurt, Gutschein über 50 Mark, Frankfurt 15. September 1922, HMF.MP00082
Stadt Frankfurt, Gutschein über 500 Mark, Frankfurt 1. September 1922, HMF.MP00081
Stadt Frankfurt, Gutschein über 1000 Mark, Frankfurt 15. September 1922, HMF.MP00083
Stadt Höchst am Main, Gutschein über 100 Mark, Frankfurt 29. September 1922, HMF.MP00095
Stadt Höchst am Main, Gutschein über 500 Mark, Frankfurt 29. September 1922, HMF.MP00096
Farbwerke vorm. Meister, Lucius & Brüning, Gutschein über 100 Mark, Höchst, 22. September 1922, HMF.MP00213
Farbwerke vorm. Meister, Lucius & Brüning, Gutschein über 500 Mark, Höchst, 22. September 1922, HMF.MP00214
Chemische Fabrik Griesheim-Elektron Gutschein über 100 Mark, Frankfurt 30. September 1922, HMF.MP00219
Chemische Fabrik Griesheim-Elektron Gutschein über 500 Mark, Frankfurt 30. September 1923, HMF.MP00220
Die Mark im Brunnen, Karikatur von Werner Hahnmann Kladderadatsch Nr. 47 vom 25.November 1922, Reproduktion, Universitätsbibliothek Heidelberg

Der neue Preis, Karikatur von Karl Arnold, Simplicissimus, Nr. 26 vom 27. September 1922, Privatbesitz (Leihgabe Hendrik Mäkeler)

In der politischen Schreckenskammer, Karikatur, Kladderadatsch, Nr. 3 vom 21. Januar 1923, HMF

Gutenberg und die Millionenpresse, Karikatur von Erich Schilling, Simplicissimus, Nr. 33 vom 15. November 1922, S. 496, Privatbesitz (Leihgabe Hendrik Mäkeler)

Michel im Schneegestöber, Karikatur, Der Wahre Jacob, Nr. 951 vom 5. Januar 1923, Reproduktion, Universitätsbibliothek Heidelberg

Milchversorgung, Karikatur von Eduard Thöny, Simplicissimus, Nr. 39 vom 27. Dezember 1922, S. 556, Reproduktion, Klassik Stiftung Weimar, Herzogin Anna Amalia Bibliothek

Das Volk in Not, Karikatur, Der Wahre Jacob, Nr. 945 vom 9. Oktober 1922, S. 10636, Reproduktion, Universitätsbibliothek Heidelberg

5 1923

Ruhrkampf

Hände weg vom Ruhrgebiet, Plakat von Theo Matejko, 1923, HMF.C58048

Cunos Grabmal, Karikatur, Der Wahre Jacob, Nr. 966 vom 31. Juli 1923, S. 140, Reproduktion, Klassik Stiftung Weimar, Herzogin Anna Amalia Bibliothek

Karte der besetzten Gebiete im Rheinland, um 1920, Reproduktion, agk_images, AKG159477

Soldat auf Kohlentransportwagen, Ruhrkohle unter frz. Kontrolle, Fotografie von Robert Sennecke, aus: Hans Ostwald: Sittengeschichte der Inflation, Berlin 1931, S. 89, Reproduktion, HMF

Krieg im Frieden, Titelblatt, Berliner Illustrirte Zeitung, Nr. 10 vom 11. März 1923, HMF

Und darum Räuber und Mörder? Karikatur von Werner Gahmann, Kladderadatsch, Nr. 17 vom 29. April 1923, HMF

Die zartfühlende Schuldnerin, Karikatur von Arthur Johnson, Kladderadatsch, Nr. 37 vom 16. September 1923, HMF

Le droit est mort, vive la brutalité! Karikatur, Kladderadatsch, Nr. 4 vom 28. Januar 1923, HMF

Die Bestie, Kladderadatsch, Nr. 16 vom 22. April 1923, HMF

Le jour de Gloire, Karikatur, Kladderadatsch, Nr. 5 vom 4. Februar 1923, HMF

Deutsche Eisenbahner, Karikatur, Kladderadatsch, Nr. 8 vom 25. Februar 1923, HMF

Biblisches von heute, Karikatur, Kladderadatsch, Nr. 18 vom 6. Mai 1923, HMF

Wie oft noch? Karikatur von Oskar Garvens, Kladderadatsch, Nr. 19 vom 13. Mai 1923, HMF

Unter fremdem Joch. Ruhrbesetzung.
Filmausschnitte zur Besetzung des Ruhrgebiets
durch französische und belgische Truppen 1923,
Deulig Woche 1923, HR-Archiv

Vierte Welle: Hyperinflation

Marksturz, Neue Preußische Zeitung Nr. 181 vom
19. April 1923, HMF

Marksturz, Karikatur von Thomas Theodor Heine,
Simplicissimus, Nr. 6 vom 7. Mai 1923,
Privatbesitz (Leihgabe Hendrik Mäkeler)

Papiergeld! Papiergeld! Karikatur von Karl
Arnold, Simplicissimus, Nr. 11 vom 11. Juni 1923,
Privatbesitz (Leihgabe Hendrik Mäkeler)

Berlin erkennt an, Karikatur von Eduard Thöny,
Simplicissimus, Nr. 20 vom 13. August 1923,
S. 256, Privatbesitz (Leihgabe Hendrik Mäkeler)

Die neue Teuerung, Karikatur von Thomas
Theodor Heine, Simplicissimus, Nr. 12 vom
18. Juni 1923, S. 152, Reproduktion, Klassik Stiftung
Weimar, Herzogin Anna Amalia Bibliothek

Reichsbanknote 1 Million Mark,
Berlin 20. Februar 1923, HMF.MP00373
Reichsbanknote 2 Millionen Mark,
Berlin 23. Juni 1923, HMF.MP00376
Reichsbanknote 5 Millionen Mark,
Berlin 1. Juni 1923, HMF.MP00375
Reichsbanknote 10 Millionen Mark,
Berlin 25. Juli 1923, HMF.MP00382
Reichsbanknote 20 Millionen Mark,
Berlin 25. Juli 1923, HMF.MP00383
Reichsbanknote 50 Millionen Mark,
Berlin 25. Juli 1923, HMF.MP00384
Reichsbanknote 100 Millionen Mark,
Berlin 22. August 1923, HMF.MP00390
Reichsbanknote 500 Millionen Mark,
Berlin 1. September 1923, HMF.MP00393
Reichsbanknote 1 Milliarde Mark,
Berlin 5. September 1923, HMF.MP00106
Reichsbanknote 5 Milliarden Mark,
Berlin 10. September 1923, HMF.MP00107
Reichsbanknote 10 Milliarden Mark,
Berlin 15. September 1923, HMF.MP00108
Reichsbanknote 20 Milliarden Mark,
Berlin 1. Oktober 1923, HMF.MP00110
Reichsbanknote 50 Milliarden Mark,
Berlin 5. September 1923, HMF.MP00111
Reichsbanknote 100 Milliarden Mark,
Berlin 26. Oktober 1923, HMF.MP00116
Reichsbanknote 200 Milliarden Mark,
Berlin 15. Oktober 1923, HMF.MP00112
Reichsbanknote 500 Milliarden Mark,
Berlin 26. Oktober 1923, HMF.MP00117
Reichsbanknote 1 Billion Mark,
Berlin 1. November 1923, HMF.MP00118
Reichsbanknote 2 Billionen Mark,
Berlin 5. November 1923, HMF.MP00124
Reichsbanknote 5 Billionen Mark,
Berlin 1. November 1923, HMF.MP00120
Reichsbanknote 10 Billionen Mark,
Berlin 1. November 1923, HMF.MP00121

Notgeld des Landes Thüringen in Weimar,
Herbert Bayer, 9. August 1923, HMF.MP00469

Frühling, Karikatur von Erich Schilling,
Simplicissimus, Nr. 4 vom 23. April 1923, S. 56,
Reproduktion, Klassik Stiftung Weimar, Herzogin
Anna Amalia Bibliothek

Bagatelle, Karikatur von Wilhelm Schulz,
Simplicissimus vom 10. September 1923, S. 300,
Reproduktion, Klassik Stiftung Weimar, Herzogin
Anna Amalia Bibliothek

Umrechnungstafel zur Multiplikation, Papier,
Halle 1923, HMF

Geld in Frankfurt

Verkehrsschwierigkeiten im besetzten Gebiet,
Berliner Illustrirte Zeitung, Nr. 7 vom 18. Februar
1923, S. 123, HMF

Trambahnheftchen, Papier, Frankfurt 1923,
HMF.C25698

Hotelrechnung, Rechnung für Direktor Erlenbach
über 103.308 Mark, Hessischer Englischer Hof,
Papier, Frankfurt 1923, HMF.M.2021.011

Stingl, Karikatur, Kladderadatsch, Nr. 3 vom
23. Januar 1923, HMF

Briefumschlag eines Fernbriefs der Dresdner
Bank Frankfurt, frankiert mit 25.000 Mark,
25. August 1923, HMF

Briefumschlag der Direktion des Sammellagers
Cottbus an den Polizei Präsidenten in Frankfurt,
frankiert mit 25.000 Mark, 28. August 1923, HMF

Parlamentsfeier vor der Paulskirche zum
75. Jahrestag der ersten Deutschen Nationalversammlung, im Römerhof, Reichstagspräsident
Löbe, Reichspräsident Ebert und Oberbürgermeister Voigt, Fotografie von Leonhard
Kleemann, Frankfurt 18. Mai 1923, HMF.C25859f

Parlamentsfeier vor der Paulskirche zum
75. Jahrestag der ersten Deutschen Nationalversammlung, geladene Gäste in der Paulskirche,
Fotografie von John Graudenz, Frankfurt 8. Mai
1923, HMF.C25866

Konvolut von Notgeld der Städte Frankfurt und
Höchst, 1923, HMF.MP0010-26; HMF.MP00028;
HMF.MP00071; HMF.MP00093-102

Gutscheine über 10 und 50 cbm Gas der
Frankfurter Gasgesellschaft, Papier, Frankfurt
1. November 1923, HMF.MP00328-31

Gutscheine über ein und zwei Kw/H Strom der
Städtischen Elektrizitätswerke, Papier, Frankfurt
November 1923, HMF.MP00332-33

Notgeldschein der Handelskammer Frankfurt-
Hanau über wertbeständiges Notgeld zu
0,42 Mark Gold, zu 1,05 Mark Gold und zu
2,10 Mark Gold, Papier, Frankfurt/Hanau 1923,
HMF.MP00103-105; HMF.MP00325-327

Firmen in Frankfurt

Hartmann & Braun, Strommesser, Metall, Glas,
Frankfurt um 1922, HMF.Mt0062

Hartmann & Braun, Messgerät, Holz, Metall,
Leder, Glas, Frankfurt um 1922, HMF.Mt0401

Hartmann & Braun, Serien-Rheostat, Holz,
Metall, Kunststoff, Frankfurt um 1922,
HMF.Mt360e

Hartmann & Braun, Strommesser Cosinus Phi,
Holz, Metall, Kunststoff, Frankfurt um 1922,
HMF.Mt0010

Hartmann & Braun, Druckbogen für acht
Geldscheine, Frankfurt 1923. HMF INF023

Hartmann & Braun, Gutscheine zu 1, 2, 5, 10 und
50 Millionen Mark, Papier, Frankfurt 1923,
HMF.MP00190-MP00195.

Adlerwerke vorm. Heinrich Kleyer, Gutschein
zu 1, 2 und 5 Millionen Mark, Frankfurt 1923,
HMF.MP00172-174

Voigt & Haeffner, Schalter, Metall, Kunststoff,
Frankfurt um 1922, HMF.X.2009.3470

Voigt & Haeffner, Gutscheine zu 1, 2 und 10
Millionen Mark, Frankfurt 1923, HMF.
MP00210-212

Deutsche Gold- und Silber-Scheideanstalt
vormals Roeßler, Medaille, Bronze, Benno Elkan
1923, HMF.MJF3528

Deutsche Gold- und Silber-Scheideanstalt
vormals Roeßler, Gutscheine zu 1, 2 und
5 Millionen Mark, Frankfurt 1923, HMF.
MP00178-180

Farbwerke vorm. Meister, Lucius & Brüning,
Gutscheine zu 1, 2 und 5 Millionen Mark,
Frankfurt Höchst 6. August 1923, HMF.
MP00216-218

Arzneimittel der Farbwerke vorm. Meister,
Lucius & Brüning, Frankfurt Höchst 1923,
Privatbesitz (Leihgabe Christoph Rosak)

Leopold Cassella & Co., Leo Gans im Kreise
seiner Mitarbeiter in den Cassellawerken,
Fotografie von Fred Kochmann, Frankfurt 1922,
HMF.Ph01273.

Leopold Cassella & Co., Gutscheine zu
500.000, 1 Million und 5 Millionen Mark,
Frankfurt 14. August 1923, HMF.MP00175-177

David Stempel AG, Gutschein zu 1, 2 und
5 Millionen Mark, Frankfurt 1923, HMF.
MP00205-207

David Stempel AG, Fabrikationsanlage,
Fotografie um 1920, HMF.Ph18982,02

Philipp Holzmann AG, Gutscheine über 1, 2
und 5 Millionen Mark, Frankfurt 1923,
HMF.MP00196-198

Frankfurter Maschinenbau-Aktiengesellschaft vorm. Pokorny & Wittekind, Gutscheine zu 1, 3 und 5 Millionen Mark, Frankfurt 1923, HMF.MPMP00187-189.

Chemische Fabrik Griesheim-Elektron, Gutscheine zu 500.000 Mark, 1 und 3 Millionen Mark, Frankfurt 1923, HMF.MP00221-223

Reichsbahndirektion Frankfurt, Konvolut von Gutscheinen von 1 Million bis 10 Billionen Mark, Frankfurt 1923, HMF.MP00338-349

Adler 7 Schreibmaschine, Frankfurt um 1910, HMF.X.2000.421

Additionsmaschine der Frankfurter Sparkasse, St. Louis um 1920, HMF.X.1974.035

Rechenwalze der Firma Nestler, Metall, Papier, Zürich um 1920, HMF.M.2021.010

Geldtransportwagen der Frankfurter Sparkasse, Metall, Gummi, HMF.X.2010.289

Die Reichsbank muß neues Geld schaffen, Fotografie von Phot. Gircke, Berlin, in: Ostwald 1931, S. 116, Reproduktion, HMF

Kontokorrentbuch, Frankfurt 1923, Historisches Metzler-Archiv, Nr. 569a, Leihgabe

Journalbuch, Frankfurt 1923, Historisches Metzler-Archiv, Nr. 569b, Leihgabe

Die Burgstrasse, Berliner Wochenkurszettel, April bis Juni 1923, Berlin 1923, HMF

L. E. Wertheimber, Notgeldschecks zu 1 und 5 Millionen Mark, Frankfurt 1923, HMF.MP00170-171

Bankbetrieb, Karikatur von Wilhelm Schulz, Simplicissimus, Nr. 34 vom 9. November 1923, S. 425, Reproduktion, Klassik Stiftung Weimar, Herzogin Anna Amalia Bibliothek

Inflationserleben

Berliner Börse, Fotografie von Photothek Berlin, in: Hans Ostwald: Sittengeschichte der Inflation, Berlin 1931, S. 266, Reproduktion, HMF

Dollarkurse in Berlin 1919-1924, Leipzig 1924, Heft, HMF

Tyrann Dollar! Das vielgenannte Devisenzimmer der Berliner Börse während der Festsetzung des Kurses, Berliner Illustrirte Zeitung Nr. 27 vom 8. Juli 1923, S. 523, HMF

Die Indexe, Karikatur von Karl Arnold, Simplicissimus, Nr. 33 vom 12. November 1923, S. 413, Reproduktion, Klassik Stiftung Weimar, Herzogin Anna Amalia Bibliothek

Deutschlands Unstern, Karikatur von Karl Arnold, Simplicissimus, Nr. 22 vom 27. August 1923, Reproduktion, Klassik Stiftung Weimar, Herzogin Anna Amalia Bibliothek

Das allmächtige Gold, Karikatur von Olaf Gulbransson, Simplicissimus, Nr. 41 vom 10. Januar 1923, Reproduktion, Klassik Stiftung Weimar, Herzogin Anna Amalia Bibliothek

Den Seinen gibt's der Herr im Schlafe, Karikatur von Karl Arnold, Simplicissimus, Nr. 52 vom 26. März 1923, S. 713, Reproduktion, Klassik Stiftung Weimar, Herzogin Anna Amalia Bibliothek

Devisen-Razzia in einem Berliner Kaffeehaus, Berliner Illustrirte Zeitung, Nr. 39 vom 30. September 1923, HMF

Banknote zu 1 Dollar, Papier, USA 1923, HMF

Bilder

Inflationskleid, Textil, Geldscheine, um 1923, Historisches Museum Hanau, Schloss Philippsruhe, Leihgabe

Geldtransport mit Reisekörben, 1923, Fotografie, Reproduktion, Bundesarchiv, BildY 1-390-10206

Zeitungsverkäuferin mit Waschkorb voller Geld, Fotografie, Berlin 1923, Reproduktion, Bundesarchiv, BildY 1-390-1213-65

Geldtransportwagen der Dresdner Bank, Metall, Gummi, Frankfurt 1920-1940, HMF.X.2019.008

Mit Banknoten gefüllte Geldtransportwagen im Tresor einer Bank, Fotografie, Berlin 1923, Reproduktion, akg-images, AKG138272

Der Metallschatz der Reichsbank, Berliner Illustrirte Zeitung, 18.3. 1923, HMF INF031

Der schwierige Verkehr mit den Papiergeldmassen, Berliner Illustrirte Zeitung, Nr. 11 vom 18. März 1923, Ausschnitt S. 203, HMF

Abrechnung der Tageseinnahmen eines Bäckermeisters, Fotografie, um 1923, Reproduktion, akg-images, AKG91236

Im Notenkeller der Reichsbank: Das Geld wird in Bergen gestapelt, Fotografie von Phot. Scherl, Berlin, in: Hans Ostwald, Sittengeschichte der Inflation, Berlin 1931, S. 95, Reproduktion, HMF

Die Menschenmenge vor der Reichsbank in den Tagen des Banknotenmangels, Berliner Illustrirte Zeitung, Nr. 33 vom 19. August 1923, S. 647, HMF

Überreizte Nerven. Der typische Krach auf dem Wochenmarkt beim Anstellen am Kartoffelwagen, Berliner Illustrirte Zeitung, Nr. 34 vom 26. August 1923, S. 673, HMF

Hunger-Demonstrationen, Berliner Illustrirte Zeitung, Nr. 43 vom 28. Oktober 1923, S. 855, HMF

Moderner Tauschhandel, Fotografie von Atlantic Berlin, aus: Hans Ostwald: Sittengeschichte der Inflation, Berlin 1931, S. 114, Reproduktion, HMF

Bezahlung mit Naturalien an der Theaterkasse des Schloßparktheaters in Berlin-Steglitz, Fotografie, Berlin 19. September 1931, Reproduktion, agk-images, AKG71666

Die Not in den Großstädten: Unterernährte Kinder, Fotografie von Phot. Gircke, Berlin, aus: Hans Ostwald: Sittengeschichte der Inflation, Berlin 1931, S. 190, Reproduktion, HMF

Warmes Essen für die Schulen, Fotografie von Photothek Berlin, Berlin 1923, aus: Hans Ostwald: Sittengeschichte der Inflation, Berlin 1931, S. 210, Reproduktion, HMF

Eisenbahnwaggon als Notwohnung, Fotografie von Sennecke, Berlin 1923, aus: Hans Ostwald: Sittengeschichte der Inflation, Berlin 1931, S. 267, Reproduktion, HMF

Aufteilung eines gefallenen Pferdes in München, Fotografie von Photothek, Berlin, 1923, Hans Ostwald: Sittengeschichte der Inflation, Berlin 1931, S. 22, Reproduktion, HMF

Die Letzte, Karikatur, Der Wahre Jacob, Nr. 965 vom 17. Juli 1923, S. 132, Reproduktion, Klassik Stiftung Weimar, Herzogin Anna Amalia Bibliothek

Währungssorgen, Karikatur von Henry Bing, Simplicissimus, Nr. 28 vom 8. Oktober 1923, S. 356, Reproduktion, Klassik Stiftung Weimar, Herzogin Anna Amalia Bibliothek

Apfelweinpreise, Postkarten, Frankfurt 1923, Reproduktionen, Institut für Stadtgeschichte Frankfurt

Erstes Jahrbuch des DHS 1923-1924, Papier, HMF

Münzen aus Porzellan der Stadt Meissen zu 5, 10 und 5 Mark, 1921, HMF
Münzen aus Porzellan der Stadt Bitterfeld zu 1 und 2 Mark, 1921, HMF
Münzen aus Steinzeug der Stadt Charlottenburg zu 2 und 5 Mark, 1921, HMF
Münzen aus Steinzeug der Stadt Meissen zu 1, 2, und 3 Mark, 1921, HMF
Münzen aus Steinzeug der Stadt Kitzingen zu 1 und 3 Mark, 1921, HMF
Münzen aus Steinzeug der Stadt Bitterfeld zu 1 und 2 Mark, 1921, HMF
Münzen Salzglasur der Stadt Höhr zu 25, 50 und 75 Pfennige, 1921, HMF
Gutschein der Vereinigten Aluminium Werke A.G. Lautawerk zu 20, 50 und 100 Mark, Aluminium, 1922, HMF
Medaille, Aluminium, Werdohl 1923, HMF.M.2020.090
Geldscheine zu 1, 10, 25, 50, 500 und 5000 Mark, Samt, Leinen, Seide, Bielefeld 1922, HMF
1 Goldmark Osterwieck; 5, 50 Millionen Mark Pößneck, Leder, 1923, HMF
10; 50 Heller, Holz, Hadersfeld 1922, HMF

Medien

Damen-Tanzkleid, Mitte der 1920er Jahre, HMF.T.1995.055

Brot! Mutter mit zwei hungernden Kindern, Käthe Kollwitz, Berlin 1924, HMF.C59239,02

Zwei Gesichter, Karl Völker, Berlin 1924, HMF.C59239,03

Hungernde Familie vor Delikatessenladen, George Grosz, Berlin 1924, HMF.C59239,04

Hungernde Mutter mit drei Kindern, Heinrich Zille, Berlin 1924, HMF.C59239,05

Mutter, Vater und Kind, Eric Johansson, Berlin 1924, HMF.C59239,06

Hungernde Frau, Otto Dix, Berlin 1924, HMF.C59239,07

Mann mit Brille, Otto Nagel, Berlin 1924, HMF.C59239,08

Paul Hindemith, Klaviermusik op. 29, Partitur, 1923, Faksimile, HMF

Wir versaufen unser Oma ihr Klein-Häuschen, Plakat, 1923, HMF

Wir versaufen unser Oma ihr Klein-Häuschen, Das teuerste Programm der Welt, D 1993

Margo Lion, Die Linie der Mode, Ein musikalisches Porträt, D 2005

Radioempfänger Isaria, Kunststoff, Metall, Pappe, Textil, München 1923, Privatbesitz (Leihgabe Bernd-Rolf Bartel)

Radioempfänger Schneider-Opel, Kunststoff, Metall, Pappe, Textil, Frankfurt 1924, Privatbesitz (Leihgabe Bernd-Rolf Bartel)

Zur Freigabe des Radioverkehrs in Deutschland, Berliner Illustrirte Zeitung, Nr. 42 vom 21. Oktober 1923, S. 836, HMF

Schulstunde im Zeitalter des Radios, Berliner Illustrirte Zeitung, Nr. 51 vom 23.12.1923, S. 1019, HMF

Alles für Geld, Reinhold Schünzel/Emil Jannings-Film GmbH, Spielfilm, Deutschland 1923, 83 Minuten, Ausschnitte, Deutsche Kinemathek

Die Straße, Karl Grune/Stern-Film GmbH, Spielfilm, Deutschland 1923, 74 Minuten, Ausschnitte, Friedrich Wilhelm Murnau Stiftung

Fräulein Raffke, Richard Eichenberg/Eichenberg-Film GmbH, Spielfilm, Deutschland 1923, 105 Minuten, Ausschnitte, DFF

6 „Wunder" der Rentenmark

„Retter" Stresemann

Stresemann, Dreiteiliger Anzug, Textil, 1921–1935, HMF T.2008.0010,1-3

Mr Stresemann, Frankreich 1923, 5:57 Minuten, HR-Archiv

Retter Stresemann, Karikatur von Karl Arnold, Simplicissimus, Nr. 7 vom 14. Mai 1923, Reproduktion, Klassik Stiftung Weimar, Herzogin Anna Amalia Bibliothek

Der Diktator Stresemann, Karikatur, Kladderadatsch, Nr. 43 vom 28.10.1923, HMF

Aus den Tagen des Regierungswechsels, Berliner Illustrirte Zeitung, Nr. 33 vom 19. August 1923, S. 647, HMF

Köpfe im neuen Kabinett Stresemann, Berliner Illustrirte Zeitung, Nr. 34 vom 26. August 1932, S. 671, HMF

Rentenmark-Fragen. Kurs- und Kaufkraft des neuen Geldes, Berliner Illustrirte Zeitung, Nr. 43 vom 28. Oktober 1923, S. 854, HMF

Unruhen und Separatisten

Die Separatistenschufle, Karikatur von Werner Gahmann, Kladderadatsch, Nr. 48 vom 2. Dezember 1923, HMF

Der Raub des Rheingolds, Karikatur von Werner Gahmann, Kladderadatsch, Nr. 33/34 vom 26. August 1923, HMF

Krisis, Karikatur von Arthur Johnson, Kladderadatsch, Nr. 40 vom 25. November 1923, HMF

Die Gefahren der Münchener Bräukeller, Karikatur von Oskar Garvens, Kladderadatsch, Nr. 46 von 25. November 1923, HMF

Das Nahrungsdefizit in Deutschland, Berliner Illustrirte Zeitung, Nr. 41 vom 4. November 1923, S. 874, HMF

Straßenbild aus Aachen während der Separatisten-Unruhen, Berliner Illustrirte Zeitung, Nr. 43 vom 11. November 1923, HMF

Separatisten-Unruhen im Rheinland, Berliner Illustrirte Zeitung, Nr. 45 vom 11. November 1923, S. 894–895, HMF

November-Stürme. Zu den Ereignissen in Bayern: Adolf Hitler, Berliner Illustrirte Zeitung, Nr. 45/46 vom 25. November 1923, S. 914–916, HMF

Geldscheinentwürfe rheinischer Separatisten, Koblenz 1923, Staatliche Museen zu Berlin, Leihgabe

Stabilisierung der Mark

Deutsches Gebet, Karikatur von Thomas Theodo Heinrich, Simplicissimus, Nr. 35 vom 26. November 1923, S. 439, Reproduktion, Klassik Stiftung Weimar, Herzogin Anna Amalia Bibliothek

Die neue Währung kommt zu spät, Karikatur von Erich Schilling, Simplicissimus, Nr. 31 vom 29. Oktober 1923, Reproduktion, Klassik Stiftung Weimar, Herzogin Anna Amalia Bibliothek

Endlich eine Tat, Karikatur von Olaf Gulbransson, Simplicissimus, Nr. 33 vom 12. November 1923, S. 414, Reproduktion, Klassik Stiftung Weimar, Herzogin Anna Amalia Bibliothek

Billibalds Billionen, Mike Kuhlmann, Grafik, Frankfurt 2022, Reproduktion

Reichsbanknote zu 1 Billion Mark, 5. November 1923, HMF.MP00123
Reichsbanknote zu 5 Billionen Mark, Berlin 15. März 1924, HMF.MP00127
Reichsbanknote zu 10 Billionen Mark, Berlin 1. Februar 1924, HMF.MP00126
Reichsbanknote zu 20 Billionen Mark, Berlin 5. Februar 1924, Deutsche Bundesbank
Reichsbanknote zu 50 Billionen Mark, Berlin 10. Februar 1924, Deutsche Bundesbank
Reichsbanknote zu 100 Billionen Mark, Berlin 15. Februar 1924, Deutsche Bundesbank

Münzgeld zu 1, 2, 5, 10 und 50 Rentenpfennig, 1 und 3 Rentenmark, Berlin 1924, HMF.M128.056-062

Rentenbanknote zu 1 Rentenmark, Berlin 1. November 1923, HMF.MP000128
Rentenbanknote zu 2 Rentenmark, Berlin 1. November 1923, HMF.MP000129
Rentenbanknote zu 10 Rentenmark, Berlin 1. November 1923, HMF.MP00130
Rentenbanknote zu 50 Rentenmark, Berlin 20. März 1925, Deutsche Bundesbank
Rentenbanknote zu 100 Rentenmark, Berlin 1. November 1923, Deutsche Bundesbank
Reichsbanknote zu 10 Reichsmark, Berlin 11. Oktober 1924, HMF.MP00396
Reichsbanknote zu 20 Reichsmark, Berlin 11. Oktober 1924, HMF.MP00397
Reichsbanknote zu 50 Reichsmark, Berlin 11. Oktober 1924, HMF.MP00398
Reichsbanknote zu 100 Reichsmark, Berlin 11. Oktober 1924, HMF.MP00399
Reichsbanknote zu 1000 Reichsmark, Berlin 11. Oktober 1924, HMF.MP00400

Die Wiederkehr der „Silbernen Zeit", Zeitungsausschnitt, Frankfurter Zeitung vom 17. März 1924, HMF

Die Rentenmark-Scheidemünzen, Zeitungsausschnitt, Frankfurter Zeitung vom 14. November 1923, HMF

Andrang nach wertbeständigem Geld, Berliner Illustrirte Zeitung vom 2. Dezember 1923, HMF

Geldausgabe bei der Reichsbank, Berliner Illustrirte Zeitung vom 9. Dezember 1923, HMF

Banknoten als Makulatur, Fotografie von Atlantic, Berlin, aus: Hans Ostwald: Sittengeschichte der Inflation, Berlin 1931, S. 47, Reproduktion, HMF

Fotografie, Kinder spielen mit den wertlos gewordenen Geldscheinen, 1923, Reproduktion, akg-images, AKG 179947

Soviel Tausendmarkscheine für einen einzigen Dollar? Fotografie von Presse Photo Berlin, aus: Hans Ostwald: Sittengeschichte der Inflation, Berlin 1931, S. 215, Reproduktion, HMF

Wertlos gewordene Geldscheine werden als Altpapier gehandelt,
Geld als Heizmaterial, Fotografie, aus: Hans Ostwald: Sittengeschichte der Inflation, S. 186, Reproduktion, HMF

Inflation 1923, Postkarte, 1923, Reproduktion, Institut für Stadtgeschichte Frankfurt, S7Z 1923-38

Das letzte Wort der Papiermark, Karikatur von Hans Lindolff, Kladderadatsch, Nr. 40 vom 7. Oktober 1923, HMF

Der Weihnachtsmann in der Klemme, Karikatur, Kladderadatsch, Nr. 49 vom 9. Dezember 1923, HMF

Die drei Weihnachtsengel Anno 1923, Karikatur, Kladderadatsch, Nr. 50 vom 16. Dezember 1923, HMF

Mittelstands-Silvester, Karikatur von Wilhelm Schulz, Simplicissimus, Nr. 40 vom 1. Januar 1924, S. 492, HMF

Die Papiermark-Scheidemünze, Ausschnitt des Frankfurter General-Anzeigers vom 21. September 1923, HMF

Hans Luther spricht über sein politisches Wirken in der Weimarer Republik, Düsseldorf 1958, Friedrich Terveen/Institut für Wissenschaftlichen Film Göttingen, Kurz-Dokumentarfilm, Deutschland 1958, 13 Minuten.

Gewinne und Verluste

Die Weitblickenden, Karikatur von Thomas Theodor Heine, Simplicissimus, Nr. 49 vom 1. März 1922, S. 664, Reproduktion, Klassik Stiftung Weimar

Auf Umwegen, Karikatur von Erich Schilling, Simplicissimus, Nr. 14 vom 2. Juli 1923, S. 176, Reproduktion, Klassik Stiftung Weimar, Herzogin Anna Amalia Bibliothek

Stinnes, Karikatur von Thomas Theodor Heine, Simplicissimus, Nr. 5 vom 28. April 1924, S. 76, Reproduktion, Klassik Stiftung Weimar, Herzogin Anna Amalia Bibliothek

Hugo Stinnes in Koblenz, Zeitungsausschnitt, Berliner Illustrirte Zeitung, Nr. 46 vom 25. November 1923, S. 916, HMF

Nathanael Jünger, Kaufmann aus Mühlheim, Wismar 1925, HMF

Heinrich Mann, Kobes, Berlin 1971 [Berlin 1925], HMF.M.2021.012

Adolph von Holzhausen, Fotografie, Privatbesitz, Fotografie

Goethe-Universität, Fotografie von J. B. Ciolina, Frankfurt 1907, Reproduktion, HMF.C25446

Goethehaus von Südosten, Fotografie, Frankfurt 1928, Reproduktion, HMF.C31498

Sparpolitik

Karl Lumm, Karl Helfferich als Währungspolitiker und Gelehrter, Leipzig 1926, Buch, HMF

Hans Luther, Feste Mark. Solide Wirtschaft, Stolberg 1924, Buch, HMF

Buch Hjalmar Schacht, Die Stabilisierung der Mark, Berlin/Leipzig 1927. INF008

Valuta Fasching, Karikatur von Erich Schilling, Simplicissimus, Nr. 48 vom 25. Februar 1924, Reproduktion, Klassik Stiftung Weimar, Herzogin Anna Amalia Bibliothek

Vogel Goldmark, Karikatur von Wilhelm Schulz, Simplicissimus, Nr. 52 vom 24. März 1924, Reproduktion, Klassik Stiftung Weimar, Herzogin Anna Amalia Bibliothek

Der arme Reisende, Karikatur von Hans Lindolff, Kladderadatsch Nr. 1 vom 6. Januar 1924, Reproduktion, Universitätsbibliothek Heidelberg

Aus den Frosttagen in Berlin, Karikatur von Hans Lindolff, Kladderadatsch Nr. 2 vom 13. Januar 1924, Reproduktion, Universitätsbibliothek Heidelberg

Der Beamten-Abbau, Karikatur, Kladderadatsch Nr. 8 vom 23. Februar 1924, Karikatur, Reproduktion, Universitätsbibliothek Heidelberg

Sparmaßnahmen, Karikatur von Thomas Theodor Heine, Simplicissimus, Nr. 41 vom 7. Januar 1924, Reproduktion, Klassik Stiftung Weimar, Herzogin Anna Amalia Bibliothek

Ein böser Witz, Karikatur von Eduard Thöny, Simplicissimus, Nr. 36 vom 3. Dezember 1923, S. 451, Reproduktion, Klassik Stiftung Weimar, Herzogin Anna Amalia Bibliothek

Die Ausgesperrten, Karikatur, Lachen Links, Nr. 1 vom 11. Januar 1924, Reproduktion, Universitätsbibliothek Heidelberg

Erfroren, Karikatur, Lachen Links, Nr. 4 vom 8. Februar 1924, Reproduktion, Universitätsbibliothek Heidelberg

10 Mark Wochenlohn, Karikatur von L. Zille, Lachen Links, Nr. 4 vom 1. Februar 1924, Reproduktion, Universitätsbibliothek Heidelberg

Die Inflation marschiert, Karikatur von Thomas Theodor Heine, Simplicissimus, Nr. 44 vom 28. Januar 1924, Reproduktion, Klassik Stiftung Weimar, Herzogin Anna Amalia Bibliothek

Der Sturz des Franken, Karikatur von Wilhelm Schulz, Simplicissimus, Nr. 44 vom 28. Januar 1924, S. 545, Reproduktion, Klassik Stiftung Weimar, Herzogin Anna Amalia Bibliothek

Der Frankensturz, Karikatur, Kladderadatsch Nr. 5 vom 2. Februar 1924, Reproduktion, Universitätsbibliothek Heidelberg
Stabilisierung, Karikatur, Kladderadatsch Nr. 5 vom 2. Februar 1924, Reproduktion, Universitätsbibliothek Heidelberg

Aufwertungen

Carl Neukirch, Die Aufwertungsgesetze, Halle 1925, Buch, HMF

Schuldverschreibung der Stadt Mühlhausen/ Elsaß über 200 Mark mit Rückzahlung RM 12,50, Papier, 1913, Privatbesitz (Leihgabe Ulrich Bindseil)

Anteilsschein der Berliner Handels-Gesellschaft über 500 Mark, umgestellt auf 100 Goldmark, Papier, 1879, Privatbesitz (Leihgabe Ulrich Bindseil)

Roggen-Anleihe des Volksstaats Hessen, Papier, 1923, Privatbesitz (Leihgabe Ulrich Bindseil)

Nach der Plünderung, Karikatur von Erich Schilling, Simplicissimus, Nr. 18 vom 3. August 1925, S. 272, Reproduktion, Klassik Stiftung Weimar, Herzogin Anna Amalia Bibliothek

7 Mark im Wandel

Kriegsfinanzierung 1936–1945

Reichspräsidentenwahl, Adolf Hitler gegen Chaos, Bürgerkrieg und Inflation, Plakat, Berlin April 1923, Reproduktion, Bundesarchiv Plak 002-016-073-T1 bis T4

Interview with Dr Schacht, British Movietone, 1934, 4:18 Min., AP Archive

Statistische Abteilung der Reichsbank (Zusammenstellung), Schacht in der Karikatur, Berlin 1937, Buch, HMF

Hjalmar Schacht, Abrechnung mit Hitler, Hamburg 1948, Buch, HMF.S.2015.030

Hjalmar Schacht, 76 Jahre meines Lebens, Bad Wörrishofen 1953, Buch, HMF

Eisernes Sparbuch, Dresdner Bank, Pappe, Zwickau 1941–1944, HMF

Ministerpräsident Generalfeldmarschall Göring Beauftragter für den Vierjahresplan Reichskommissar für die Preisbildung (Hg.): Dienstanweisung für die Preisüberwachung, Berlin 1936, Privatbesitz (Leihgabe Ulrich Bindseil)

Vierte Reichskleiderkarte; für Anneliese Lutzke, Ützhausen, Frankfurt 1945, HMF.C6779

Zigarettenwährung 1945–1948

Konvolut von Banknoten zu 5, 10, 50, 100 und 1.000 Reichsmark, 1933–1942, HMF

Banknoten der Alliierten Militärbehörde zu ½, 1, 5, 10, 20, 50, 100 und 1000 Mark, HMF.MP00431-438

US-Militärhelm, Stahl, Leder, USA 1944, HMF.X.2009.1786

Amerikanische Zigaretten der Marken Lucky Strike, Camel, Chesterfield, Golddollar, um 1948, Tabakmuseum Lorsch

Zigaretten, Salem rund, Pappe, Tabak, um 1948, HMF.S.2001.Collosseus01

Zigaretten, Typ 4, Pappe, Tabak, um 1944, HMF.S.2001.Collesseus05

Zigaretten Manengold Haus Neuerburg, Pappe, Tabak, um 1948, HMF.S.2004.207

Zigaretten, Wappengold, Pappe, Tabak, um 1948, HMF.S.2025.002

Zigaretten, Salem Gold, Weißblech, um 1948, HMF.X.1981.10a

Zigaretten, Overstolz, Weißblech, um 1948, HMF.X.1981.10b

Holzschnittgenehmigung der Hessischen Holzwirtschaftsstelle, Papier, Wiesbaden 1947, HMF

Kartoffelkarte, Papier, Hessen 1948/1949, HMF

Bezugsausweis für Speisekartoffeln, Papier, Frankfurt 1946/1947, HMF.C67798

Seifenkarte für Frauen, Papier, Frankfurt 1948, HMF.INF041

Georgi Schokolade, Weißblech, um 1948, HMF.X.1980.303

Seife Flup, Papier, Seife, um 1948, HMF.X.1985.65a-b

Sparseife, um 1946, HMF.X.1996Reiff09

Seife Gioths, um 1946, HMF.X.1996Reiff07

Radio, Volksempfänger VE301, Bakelit, Pappe, Metall, um 1940, HMF.X.1996.001

Radio, Deutscher Kleinempfänger, Bakelit, Pappe, Metall, um 1940, HMF.X.2022.112

CARE-Paket, Pappe, USA 1946–1950, HMF.X.2022.113

Dosen aus US-amerikanischen CARE-Paketen, HMF.X.1983,077

Monarch Dry Coffee, Reid, Weißblech, Murdoch & Co., New York um 1948. HMF.X.1983.077a

Ehlers Grade „A" Coffee, Weißblech, Albert Ehlers, Brooklyn, New York um 1948, HMF.X.1983.077b

Nut-Ola Vegetable Fat, pure kosher, Weißblech, Nut-Ola Fat Products, New York um 1948, HMF.X.1983.077c

Van Besta Whole Milk Powder, Chocolate Flavoured, Weißblech, Van Besta Co. Inc., um 1948, HMF.X.1983.077d

Polizeikontrolle auf dem Schwarzmarkt, Fotografie von Fred Kochmann, Frankfurt Juni 1946, HMF.Pho2282

Abtransport von Schwarzhändlern in der Großen Friedberger Straße, Fotografie von Fred Kochmann, Frankfurt 16. August 1946, HMF.Pho2285

Deutsch-amerikanischer Tauschmarkt (Barter Center), Ecke Friedrich-Ebert-Straße, Moselstraße, Fotografie von Fred Kochmann, Frankfurt April 1947, HMF.Pho2463

Vor dem Hauptbahnhof, einem beliebten Ort des Schwarzmarkts, steht eine größere Menschenmenge, Fotografie von Hans-Helmut Bauer, Frankfurt 1948, Reproduktion, Institut für Stadtgeschichte Frankfurt

Handel Ware gegen Bargeld, Fotografie von Hans-Helmut Bauer, Frankfurt 20. Juni 1948, Reproduktion, Institut für Stadtgeschichte Frankfurt

Postsparbuch von Willy Dreher, Frankfurt 1941, HMF.S.2011.010

Postsparbuch von Johann Ruppert, Heft Frankfurt 1941, HMF.S.2011.037

Währungsreform 1948

Welt im Film 164 (Nachkriegswochenschau), Deutschland 15.7.1948, Bundesarchiv

Transportkiste mit Aufschrift Bird Dog, Holz, USA 1948, HMF.M.2021.001

Entwurf 1 Pfennig, Adolf Jäger, Tuschzeichnung auf Papier, Frankfurt 1948, HMF.C45229

Konvolut von Deutsche Mark-Scheinen, Papier, USA 1947/1948, HMF.MP00001-08; Deutsche Bundesbank.

Rentenmarkscheine von 1924 mit Kupon-Aufklebern „1948" der sowjetischen Zone, Papier, Ost-Berlin 1948, HMF.MP00058-065

Post-Sparbuch von Heinrich Garbe von 1941 bis 1950 mit Währungsumstellung, Pappe, Papier, Frankfurt 1950, HMF.M.2020.085

Sparbuch der Stadtsparkasse Frankfurt von Heinrich Garbe mit Vermerken „Umwertung" und „Restkopfgeld", Pappe, Papier, Frankfurt 1948, HMF.M.2020.084

Sparbuch Nr. 16473 der Stadtsparkasse Frankfurt von Friedel Lamparter mit Vermerken „Umwertung" und „Deutsche Mark", Pappe, Frankfurt 1948, HMF

Wilhelm Vocke, Memoiren, Stuttgart 1973, Buch, HMF

Kanzler der deutschen Mark, DER SPIEGEL 23, Hamburg 1956, HMF.M.2013.006

Währungsreform: Jugendliche lesen in der Frankfurter Neuen Presse den Artikel über die „Ausgabe des neuen Geldes", Fotografie, Frankfurt 1948, Reproduktion, Institut für Stadtgeschichte Frankfurt

Währungsreform 1948, Fotografie von Kurt Röhrig, Frankfurt 1948, Reproduktion, Institut für Stadtgeschichte Frankfurt

Ausgabestelle für D-Mark, Fotografie, Frankfurt 1948. Reproduktion, Institut für Stadtgeschichte Frankfurt

Umtausch des alten Geldes, Fotografie von Kurt Röhrig, Frankfurt 1948, Reproduktion, Institut für Stadtgeschichte Frankfurt

Sparbuch der Kreis-Sparkasse Bielefeld mit Anmeldung zur Aufwertung, Pappe, Papier, Bielefeld 1953, Privatbesitz (Leihgabe Ulrich Bindseil)

Sparbuch der Kreissparkasse Lemgo mit Umstellung 1948 und Altsparerentschädigung, Pappe, Papier, Lemgo 1954, Privatbesitz (Leihgabe Ulrich Bindseil)

1 DM 1990, Mike Kuhlmann, Grafik, Frankfurt 2010, Reproduktion

Stagflation 1974

Bleibt die Marktwirtschaft, DER SPIEGEL 49/1974, Hamburg 1974, HMF

Taxi in der Großen Eschenheimer Straße an einem autofreien Sonntag, Fotografie von Kurt Weiner, Frankfurt 25. November 1973, Institut für Stadtgeschichte Frankfurt

Kutschfahrt in der Innenstadt an einem autofreien Sonntag, Fotografie von Horst Winkler, Frankfurt 25. November 1973, Institut für Stadtgeschichte Frankfurt

Reiter*innen mit Pferden in der Großen
Eschenheimer Straße an einem autofreien
Sonntag, Fotografie von Kurt Weiner, Frankfurt
9. Dezember 1973, Institut für Stadtgeschichte
Frankfurt

D-Mark in den Osten 1990

Tagesschau vom 30.6.1990, 15:19 Min,
ngv-onegate

Tagesschau vom 1.7.1990, 14:33 Min,
ngv-onegate

Gefahr für den Wohlstand? DER SPIEGEL,
Nr. 4/1990, Hamburg 1990, HMF

Teures Vaterland, DER SPIEGEL, Nr. 2/1990,
Hamburg 1990, HMF

Das Ende der Bundesrepublik, DER SPIEGEL
Nr. 15/1990, Hamburg 1990, HMF

Die Angst ums Geld, DER SPIEGEL, Nr. 15/1990,
Hamburg 1990, HMF

Die Stunde Null, DER SPIEGEL, Nr. 26/1990,
Hamburg 1990, HMF

Angst um die Mark, DER SPIEGEL, Nr. 50/1991,
Hamburg 1991, HMF

Das Teilen beginnt, DER SPIEGEL, Nr. 18/1992,
Hamburg 1990, HMF

Brüder zur Sonne zur Freiheit!, Neue Berliner
Illustrirte, Ost-Berlin 29. Juni 1990, HMF

Euro-Einführung 1999-2002

Tagesschau vom 31 Dezember 1998, D, 8 Min,
ngv-onegate

Tageschau vom 1. Januar 1999, D, 15:59 Min,
ngv-onegate

Tagesschau vom 1. Januar 2002, D, 13 Min,
ngv-onegate

Abenteuer Euro, DER SPIEGEL Nr. 8/1997,
Hamburg 1997, HMF

Abschied von der Mark, DER SPIEGEL
Nr. 18/1998, Hamburg 1998, HMF

Aufbruch ins Euroland. Die neue Weltmacht?
DER SPIEGEL, Nr. 1/1999, Hamburg 1999, HMF

Die neue Geldmacht, DER SPIEGEL, Nr. 1/2001,
Hamburg 2001, HMF

Euro-Token, Kupfer, Messing, Nickel, Berlin 2017,
HMF.M.2018,112-1119

Vision Euro, Der Euro leichtgemacht, Braille
Buch, Pappe, Papier, Brüssel/ Frankfurt 2000,
HMF.M.2022.049

Die Euro-Banknoten und Münzen, Faltblatt,
Deutscher Sparkassen-Verlag, Stuttgart 1998,
HMF

Konvolut an Euro-Starterkits der Länder Belgien,
Finnland, Frankreich, Griechenland, Irland,
Italien, Luxemburg, Niederlande, Österreich,
Spanien, 2001, HMF.M.2018.074;
HMF.M.2018.084-093; HMF.M.2018.095

Inflation und Krieg heute?

Inflation. Die kalte Enteignung, DER SPIEGEL,
Nr. 7/2022, Hamburg 2022, HMF

Wohlstandskiller Inflation. DER SPIEGEL,
Nr. 27/2022, Hamburg 2022, HMF

Inflation immer schlimmer. Scholz führt die
Reichsmark ein, Titanic Nr. 7/2022, HMF

Abbildungsnachweis

Alle Objekte vom HMF, wenn nicht anders angegeben:
© Historisches Museum Frankfurt

AKG Images
S. 108–109

Bayerische Staatsbibliothek München
S. 35, 43

bpk
S. 45

Bundesarchiv
S. 145

Deutsche Bundesbank
S. 20, 103, 111, 120, 133, 145

Historisches Museum Frankfurt, Frank Berger
S. 5, 13, 15, 27, 30, 32, 35, 47, 51, 53, 63, 65, 69, 71, 73, 83, 85, 103, 109, 116, 127, 145, 151

Historisches Museum, Horst Ziegenfusz
S. 7, 20, 25, 34, 37, 39, 41, 43, 45, 47–49, 54–56, 58–62, 67, 70–71, 75–79, 85, 89, 92–98, 101, 116, 118–120, 123–125, 128, 131, 134, 135, 140–145, 151

Institut für Stadtgeschichte Frankfurt
S. 13–14, 32, 87, 105, 130–131, 136, 138, 139, 149

Klassik Stiftung Weimar, Herzogin Anna Amalia Bibliothek, www.simplicissimus.info
S. 77, 81, 91, 108, 113, 121, 129

Stefan Knauer, Frankfurt
S. 22–23

Leupold 1726
S. 29

Museen der Stadt Hanau, Schloss Philippsruhe, Kai Jakob
S. 107

Ostwald 1931
S. 88–89, 99

Staatliche Museen zu Berlin
S. 36, 115

Studio Panorama, Lukas Betzler
S. 19

Studio Rustemeyer, Thomas Rustemeyer
S. 18

Tabakmuseum Lorsch
S. 149

Ullstein Bild, Roger Viollet/Albert Harlingue
Titelbild

Universitätsbibliothek Heidelberg
S. 81

Copyrights
Die Herausgeber*innen haben sich bemüht, die Urheber*innen aller Bilder in diesem Band zu ermitteln und sie jeweils anzugeben. Wo dies leider nicht gelang, bitten wir gegebenenfalls um Nachricht an das Historische Museum Frankfurt.

Beitragende

Nathalie Angersbach
Geboren 1990, ist freie Historikerin und Kuratorin. Sie promoviert an der Johann Wolfgang Goethe-Universität und forscht insbesondere zu Themen der Geschlechter- und Medizingeschichte. Zuletzt wirkte sie an den Ausstellungsprojekten „Kleider in Bewegung" (2020/2021) und „Frankfurter Gartenlust" (2022) am HMF mit.

Frank Berger
Jahrgang 1957, war von 1986 bis 1997 Kurator für Numismatik am Museum August Kestner in Hannover und wurde anschließend Kurator am Historischen Museum Frankfurt. Seine Arbeitsschwerpunkte sind Geldgeschichte und historische Geographie.

Eckehard Gottwald
Geboren 1948 in Dahme/Mark, war von 1972 bis 2011 am Geologisch-Paläontologischen Institut der Johann Wolfgang Goethe-Universität Frankfurt am Main als Präparator (Geowissenschaften) tätig. Er hat zahlreiche Arbeiten zum Thema Notgeld vor allem der Städte Frankfurt, Offenbach, Hanau und Dillenburg publiziert.

Konrad Schneider
Geboren 1950, studierte der Geschichte und Anglistik in Bonn, ging nach seiner Promotion in den Archivdienst und arbeitete zuletzt von 1987 bis 2015 am Institut für Stadtgeschichte in Frankfurt a. M., Seine Forschungsschwerpunkte sind Münz- und Geldgeschichte, sowie regionale Wirtschaftsgeschichte.

Autor*innenkürzel

NA	Nathalie Angersbach
FB	Frank Berger

Wissenschaftlicher Beirat

Prof. Dr. Johannes Bähr, Universität Frankfurt
Prof. Dr. Ulrich Bindseil, Europäische Zentralbank
Robert von Heusinger, Schufa AG
Prof. Dr. Christian Holtorf, Hochschule Coburg
Prof. Dr. Christopher Kopper, Universität Bielefeld
Dennis Kremer, Frankfurter Allgemeine Sonntagszeitung, Redaktion Wirtschaft
Mario Mattera, Bankhaus Metzler
Tobias Pohl, Deutsche Bundesbank, Ökonomische Bildung
Dr. Ulrich Rosseaux, Deutsche Bundesbank, Geldmuseum
Dr. Andrea Schneider-Braunberger, Gesellschaft für Unternehmensgeschichte
Prof. Dr. Dieter Schott, Universität Darmstadt
Martin Wirth, Frankfurt Performance Management AG

Leihgaben

Deutsche Bundesbank, Münz- und Geldscheinsammlung
Staatliche Museen zu Berlin, Münzkabinett
Historisches Museum Hanau, Schloss Philippsruhe
Bankhaus Metzler, Frankfurt
Tabakmuseum, Lorsch

Rolf-Bernd Bartel, Rodgau
Ulrich Bindseil, Frankfurt
Mike Kuhlmann, Frankfurt
Hendrik Mäkeler, Koblenz
Christoph Rosak, Frankfurt

Danksagung

Rolf-Bernd Bartel
Daria Berten
Ulrich Bindseil
Johannes Eberhardt
Margit Frölich
Monika Hettrich
Beate Hofmann
Natascha Gikas
Petros Jossifidis
Daniela Kalscheuner
Mike Kuhlmann
Johannes Lindner
Hendrik Mäkeler
Emmerich Müller
Christoph Rosak
Andreas Schlüter
Claudia Schüßler
Berenike Seib
Thomas Seppi
Frank Stocker
Bernhard Stroick
Horst Ziegenfusz

Förderung

Impressum

Inflation 1923. Krieg, Geld, Trauma
3. Mai – 10. September 2023

Die Ausstellung

Historisches Museum Frankfurt
3. Mai – 10. September 2023

Gesamtleitung
Jan Gerchow, Direktor HMF

Idee und Konzept, Kurator, Projektleitung
Frank Berger, HMF

Co-Kuratorin, Projektsteuerung
Nathalie Angersbach

Ausstellungstexte
Frank Berger, Nathalie Angersbach
Pädagogisches Lektorat: Anne Gemeinhardt, HMF
Korrektorat: Christiane Christ

Übersetzungen
James Lyons

Restaurierung und Objektmontagen
HMF: Verena Grande, Heike Heilmann,
Sonja Brandt, Sabine Lorenz, Christoph Wenzel
Laurence Becker

Ausstellungsgestaltung
Studio Rustemeyer, Thomas Rustemeyer

Ausstellungsgrafik
Studio Panorama, Lukas Betzler

Lichtplanung und -einrichtung
Stephan Zimmermann Lightsolutions, Oberursel

Ausstellungsbauten, Maler- und Tapezierarbeiten
Messegrafik und Messebau Schreiber,
Uwe Kleta und Team

Hängeteam
@rtBrothers: Jens Lehmann und Team

Museumshandwerker
Matteo Cilliberti, Christof Gold, Willi Gubanek

Film und digitale Medien
Christiane Beck; Stefan Knauer

Medientechnik
HMF: Thomas Schwerdtfeger, David Hübner,
Dominik Gransow

Leihverkehr
Beate Dannhorn, HMF

Bildarchiv HMF
Beate Dannhorn

Reproduktionsfotografie
Horst Ziegenfusz, Mörfelden-Walldorf

Kommunikationsdesign
gardeners: Nicola Ammon, Ines Blume,
Nora Seitz

Museumskommunikation
Karin Berrio (HMF), Thomas Engel,
Elisa Schifferens

Führungen und Museumsdidaktik
Anne Gemeinhardt (HMF), Eliano Veronesi (BFD),
Julian Mackenthun

Digitale Vermittlung
Laura Hollingshaus, Franziska Mucha

Audioguide und Hörstationen
Frank Berger, Nathalie Angersbach
Koordination: Anne Gemeinhardt
Audioproduktion: Holger Priedemuth

Besucher*innen-Service
HMF: Susanne Angetter, Tanja Martinho Alves

Veranstaltungsmanagement
Sandra Baetzel, HMF

Direktionssekretariat
Heidrun Czarnecki

Museumsverwaltung
Christiane Collins, Barbara Langfeld,
Irma Hoog-Kramar, Anja Tesch

Das Begleitbuch

Kunststücke des Historischen Museums Frankfurt, Band 8
Herausgegeben von Jan Gerchow

Herausgeber*innen
Frank Berger
Nathalie Angersbach

Erschienen im
Verlag Henrich Editionen
Frankfurt am Main
www.henrich-editionen.de

Alle Rechte vorbehalten.
Das Werk einschließlich seiner Teile ist urheberrechtlich geschützt.

© 2023 Historisches Museum Frankfurt
ISBN 978-3-96320-071-7

Redaktion
Frank Berger, Nathalie Angersbach

Bildredaktion
Nathalie Angersbach, Frank Berger,
Beate Dannhorn

Lektorat
Caroline Seyfrid

Gestaltungskonzept
Gardeners.de

Satz und Bildbearbeitung
Saskia Burghardt, Reinhard Reviol,
burghardt-grafik.de

Druck und Verarbeitung
Druck- und Verlagshaus Zarbock,
Frankfurt am Main

Abb. Umschlag —— Jungen spielen mit einem Flugdrachen aus Inflationsgeldscheinen, Fotografie um 1923, ullstein bild – Roger Viollet/Albert Harlingue.